Reflexionen

Über den Autor:

Als erfolgreicher Manager in der Automobilbranche ist Michael Patocka seit vielen Jahren international unterwegs.

Seine Karriere begann er als Sachbearbeiter und Projektmanager, bevor er sich als Führungskraft qualifizierte und später den Einstieg ins Top-Management schaffte. Dort angekommen verfolgte er zunächst nebenberuflich seinen zweiten Lebenstraum und ließ sich zum Coach ausbilden.

Seitdem ist er Mentor für Menschen, die etwas bewegen wollen. Er berät Start-ups mit disruptiven Zielen und Unternehmen, die sich grundlegend transformieren wollen.

Seine Keynote-Vorträge handeln von intrinsischer Motivation, ganzheitlicher Zukunftsgestaltung und von den Chancen, die unsere heutige VUCA-Welt Menschen und Unternehmen bietet. Kurzweilig, humorvoll und emotional lässt er Zuhörende, Teilnehmende und Lesende an seinen reichen Lebenserfahrungen teilhaben.

Michael Patocka ist Manager, Mentor, Autor und Ironman – vor allem aber ist er ein ganz „normaler" Mensch, Familienvater und Ehemann.

MICHAEL PATOCKA

REFLEXIONEN

Eine Reise zum Better-Me

Bibliografische Information der Deutschen Nationalbibliothek
Die Deutsche Nationalbibliothek verzeichnet diese Publikation in der
Deutschen Nationalbibliografie;
detaillierte bibliografische Daten sind im Internet
über http://dnb.d-nb.de abrufbar.

Die automatisierte Analyse des Werkes, um daraus Informationen
insbesondere über Muster, Trends und Korrelationen gemäß §44b UrhG
(„Text und Data Mining") zu gewinnen, ist untersagt.

Verlag: BoD · Books on Demand GmbH, Überseering 33, 22297
Hamburg, bod@bod.de
Druck: Libri Plureos GmbH, Friedensallee 273, 22763 Hamburg

ISBN: 978-3-7693-8864-0

Die **Vergangenheit** ist
das Lehrbuch,

die **Gegenwart** der
Moment des Glücks

und die **Zukunft** ist
unsere Chance.

Inhalt

Vorwort

„Lebst du nur oder reflektierst du schon?" Die Abwandlung des bekannten Werbeslogans eines schwedischen Möbelhauses beschreibt, worum es in diesem Buch geht. Oder anders formuliert: „Bleibst du so, wie du bist, oder willst du dich weiterentwickeln?" Denn unsere Fähigkeit zu reflektieren ist die Basis dafür, dass wir unser Leben und seine Lektionen dazu nutzen, zu lernen und persönlich zu wachsen.

Reflektieren ist nicht nur ein Booster für unsere Persönlichkeitsentwicklung, sondern auch eine wichtige Voraussetzung für die Beantwortung jener Frage, deren Antwort das Potenzial hat, unser Leben umzukrempeln und in neue Bahnen zu lenken. Gemeint ist die Frage, die sich jede und jeder von uns irgendwann im Leben stellt: „Was ist der Sinn meines Lebens?" Die Antwort auf diese Frage ist für viele Menschen nicht leicht zu finden und in Worte zu fassen. Manchmal dauert die Suche nach der Antwort viele Jahre, ja sogar Jahrzehnte. Aber wenn wir die Antwort gefunden haben, wie auch immer sie lautet, hilft sie uns dabei, Erfüllung, Zufriedenheit und Glück zu empfinden, und sie gibt uns eine Ausrichtung für unser Leben.

Good News: Jede und jeder von uns besitzt die Superpower Reflexion, die uns genau dabei hilft! Kannst du dich noch an deine Kindheit erinnern? Oder hast du vielleicht eigene Kinder, bei denen du diese

Superpower beobachten kannst? Kinder sind Meister im Lernen. Jeden Tag können Eltern voller Stolz beobachten, wie ihre Kleinen wieder etwas Neues gelernt haben. Ob es eine neue Bewegung, ein neues Wort oder eine andere neue Kenntnis ist, jeden Tag überraschen und begeistern Kinder ihr Umfeld mit neuen Fähigkeiten. Sie sind wahre Meister im Lernen und Reflektieren. Kinder reflektieren noch unbewusst, sie beobachten ihr Umfeld, machen Erfahrungen – und ziehen daraus Schlüsse für ihr eigenes Verhalten. So wachsen sie und entwickeln sie sich, und das in rasantem Tempo.

Umso verwunderlicher ist es, dass bei einigen Menschen die Superpower Reflexion in den Hintergrund getreten oder sogar ganz in Vergessenheit geraten ist. Doch auch hier gibt es gute Neuigkeiten, denn dieses Buch ist eine Art Trainingslager. Die 21 Kapitel – zugleich Lebensstationen unseres Protagonisten Tom – entsprechen 21 Trainingseinheiten, mit denen du deine Reflexionsfähigkeit praktizieren und revitalisieren kannst.

Wie das funktioniert? Das Buch *Reflexionen* nimmt dich mit auf eine ereignisreiche Reise durch das Leben eines jungen Mannes. Es schildert sein Leben im Spannungsfeld von Konventionen und individuellen Entscheidungen. Diese Reise ist geprägt von Abenteuern, Unsicherheit, Liebe, Trauer, Erfolgen und Niederlagen. Eine Lebensreise über vier Jahrzehnte, die zugleich eine Weltreise ist und uns auf mehrere Kontinente führt. Es ist eine Geschichte über Ziele,

Träume und die Suche nach dem Sinn des Lebens. Dabei tauchen wir gemeinsam in 21 unterschiedliche Situationen ein. Es sind spannende, schicksalshafte, schöne, schreckliche, lebensverändernde Situationen, die alle eines gemeinsam haben: Sie sind lehr- und erkenntnisreich und eine ideale Möglichkeit, um die Fähigkeit des Reflektierens zu praktizieren.

Auch wenn hier ein individueller Lebensweg erzählt wird, sind die Erkenntnisse auf andere Personen und deren Lebenssituationen übertragbar. Es werden also auch für dich viele Anregungen und Denkanstöße dabei sein, die dir helfen können, dein Leben aktiv zu gestalten und dich weiterzuentwickeln.

Das Buch *Reflexionen* ist eine Mixtur aus realen und fiktiven Elementen mit autobiografischen Zügen. Ähnlichkeiten mit lebenden Personen sind nicht auszuschließen; die Namen habe ich allerdings verändert.

Ich wünsche dir viel Spaß beim Lesen und ein unterhaltsames und erkenntnisreiches Trainingslager!

Dein Michael Patocka

Die Superpower der Reflexion

Bevor wir in Toms Leben eintauchen, wollen wir uns noch etwas näher mit der Superpower Reflexion beschäftigen. Jeder von uns erlebt täglich Dutzende Situationen, in denen wir das Reflektieren praktizieren können, ja sogar sollten. Unter Reflexion verstehe ich die ganzheitliche Analyse von Erlebnissen, Verhaltensweisen, Beziehungen, eigenen Gedanken und Emotionen. Dadurch verstehen wir uns selbst und unsere Umwelt besser und können Schlüsse für die Zukunft ziehen. Die Fähigkeit der Reflexion ist damit eine essenzielle Grundlage unseres Lernens und unserer Persönlichkeitsentwicklung.

Jede und jeder von uns trägt diese Superpower in sich. Unser Gehirn nutzt unter anderem den präfrontalen Kortex, um bewusst über vergangene Erfahrungen zu reflektieren und unser Handeln planvoll danach auszurichten. Erinnere dich an eine Fähigkeit, die du in jüngerer Zeit erlernt hast. Fast alles, was wir zum ersten Mal tun, funktioniert am Anfang etwas holprig und wird bei jedem weiteren Versuch besser. Ob wir das erste Mal auf dem Fahrrad sitzen, das erste Mal einen Golfball mit dem Driver schlagen oder die ersten Versuche auf einem Stand-up-Paddleboard wagen – alles wird mit etwas Übung besser. Diese alltägliche Erfahrung lässt sich als Lerneffekt beschreiben, und dieser basiert auf einem Soll-Ist-Vergleich, der in der Erkenntnis mündet, dass noch

Verbesserungspotenzial besteht. Was so lebensfern und trocken klingt, lässt sich leicht mit einem Beispiel illustrieren:

Herr Meyer ist aufgeregt. Er nimmt heute seine erste Stunde bei einem sehr erfahrenen Golflehrer, der in der Vergangenheit sogar ein erfolgreicher Golfprofi war.

SOLL: Herr Meyer hat am letzten Wochenende das Hole-in-One von Tiger Woods über 200 Meter bei der Bay Hill Invitational im Fernsehen gesehen und war begeistert von den kraftvollen und präzisen Schwüngen seines neuen Idols.

IST: Sein erster eigener Abschlagversuch auf der Driving Ranch befördert den Golfball komplett unkontrolliert und mit einer 45-Grad-Abweichung zum angepeilten Ziel genau neuneinhalb Meter weit.

Erkenntnis: Es besteht ein Delta zwischen Soll und Ist!

Herr Meyer reflektiert: „Hm, das war wohl nichts. Das ist enttäuschend. Aber egal, ich kann das bestimmt besser. Ich muss dem Golflehrer einfach besser zuhören, meine Schwungbewegung stabilisieren und sehr viel üben. Ach ja, und das mit Tiger Woods als Sollzustand überlege ich mir auch noch mal."

Seine Abschläge werden in der Folge sukzessive besser und schon bald darf er seine erste Runde auf dem Golfplatz absolvieren, zusammen mit den erfahrenen Spielern, die den Sport zum Teil schon seit Jahren oder Jahrzenten praktizieren. Durch den Lerneffekt verbessert sich sein Golfspiel insbesondere in der Anfangsphase sehr schnell.

Das Erlernen von Fertigkeiten ist ebenso ein Ergebnis der Reflexion wie die Entwicklung unserer Persönlichkeit. Durch den bewussten Vergleich von Soll und Ist erkennen wir Veränderungsbedarf und versuchen, uns dem Soll zu nähern. Wie Herr Meyer beim Golfspielen haben wir auch bezogen auf unsere Persönlichkeitsentwicklung Vorbilder, die unseren angestrebten Sollzustand beeinflussen. Als Kind suchen wir uns diese Vorbilder noch unbewusst aus, später, im Jugend- und Erwachsenenalter, vollzieht sich der Auswahlprozess hingegen bewusst. Ob Eltern, Großeltern, Onkel, Tanten, Freunde oder Idole wie Tiger Woods, Nelson Mandela, Steve Jobs oder Greta Thunberg: All diese Menschen können unser Idealbild prägen.

Ich selbst wollte schon früh ein „Mensch von Welt" werden. Also eine Persönlichkeit, die sich überall auf der Welt und in ganz unterschiedlichen Kulturen zurechtfindet. Dieses Zielbild war stark von meinem Onkel beeinflusst. Er war Kapitän auf hoher See und bereiste auf großen Frachtschiffen die ganze Welt von Hafen zu Hafen. Immer wenn er zu Hause war, besuchte ich ihn, um gespannt seinen Erzählungen über neue Erlebnisse irgendwo in der weiten Welt zu lauschen. Mein anfangs noch diffuses Ziel, ein „Mensch von Welt" zu werden, hat viele Entscheidungen beeinflusst, die meinen Lebensweg geprägt haben. Denn wenn wir uns klarmachen, wohin wir wollen, ist das Soll- oder Idealbild wie ein Kompass fürs Leben, der uns die Richtung anzeigt, unsere Entscheidungen beeinflusst und so unseren Lebensweg bestimmt.

Doch zurück zum Thema Reflexion. Diese führt uns durch den Soll-Ist-Vergleich nicht nur erforderliche Veränderungen vor Augen, sondern ermöglicht noch einige weitere sehr wichtige Erkenntnisse, die uns im Leben voranbringen. Zum Beispiel lernen wir dabei unglaublich viel über uns selbst als Mensch und Individuum. Wenn wir Erlebnisse und die sie begleitenden Emotionen beobachten und analysieren, erkennen wir unsere Werte, Überzeugungen, positive und hemmende Muster, Stärken und Schwächen. Wir erkennen unseren Ist-Zustand oder, moderner ausgedrückt, unser Current-Me. Das Ergebnis von Reflexion ist also Selbsterkenntnis, die wiederum zu Selbstbewusstsein und Klarheit führt. Ein sehr schöner Effekt der Reflexion ist, dass wir basierend auf der Selbsterkenntnis bewusstere und fundiertere Entscheidungen treffen, die auf unseren Werten beruhen. Dies wiederum führt dazu, dass wir uns mit den Entscheidungen gut fühlen und mit uns im Reinen sind. Andere Menschen nehmen uns dann als authentisch wahr.

Bist du dir manchmal selbst fremd und weißt nicht, warum du in einer bestimmten Situation so gehandelt hast, wie du es getan hast? Die Reflexion über eigene und fremde Emotionen und daraus resultierende Handlungen oder Entscheidungen verbessert unsere emotionale Intelligenz. Eigene Emotionen können verarbeitet und verstanden werden. Dies hilft dabei, zwischenmenschliche Beziehungen zu stärken und Konflikte besser zu bewältigen.

Wenn wir Kommunikationsprozesse und -muster reflektieren, können wir die Qualität der zwischenmenschlichen Kommunikation verbessern. Wir lernen, wie wir effektiver und klarer kommunizieren. Reflexion ist auch ein Booster für deine berufliche Karriere. Denn sie trägt dazu bei, die eigene Arbeitsweise zu evaluieren und zu verbessern. Egal in welchem Job.

Wie hätte Steve Jobs gesagt: „One more thing ...". Dank der Reflexion erkennen wir, was uns guttut, was uns Spaß macht und wo unsere Leidenschaften liegen. Und genau diese Erkenntnisse helfen uns dabei, die Frage nach dem Sinn unseres Lebens zu beantworten.

Das sind alles großartige Facetten und Vorteile der Superpower Reflexion. Sie ist ein kraftvolles Werkzeug, das sowohl unser persönliches als auch unser berufliches Wachstum fördert, und sie kann uns dabei helfen, ein bewussteres und erfüllteres Leben zu führen. Wir sollten uns allerdings auch bewusst sein, dass das Reflektieren ein durchaus mühevoller Prozess ist und unser Leben eher komplexer als einfacher macht. Wir müssen uns teilweise wiederholt mit unangenehmen Situationen beschäftigen, um die richtigen Schlüsse zu ziehen. Sicherlich wäre es müheloser, die schwierigen Situationen einfach zu vergessen und „ungestört" im Leben weiterzugehen.

Von dieser Einstellung kann ich allerdings nur abraten, denn dann ist die Wahrscheinlichkeit groß, dass sich genau diese unangenehmen oder schwierigen Situationen im Leben wiederholen. Probleme tauchen gewöhnlich so lange immer wieder auf, bis wir uns mit ihnen auseinandergesetzt haben und neue Wege erkennen. Wir sollten immer daran denken und es sollte ein Teil unseres Mindsets werden: Probleme und Herausforderungen sind eine großartige Chance für uns, zu wachsen. Probleme sind etwas Positives!

Doch wie reflektiere ich eigentlich richtig? Wie schalte ich diesen Booster meiner Persönlichkeitsentwicklung ein, um die vielfältigen positiven Aspekte zu nutzen? Es ist ganz einfach, wenn du Reflexion als ein Frage-und-Antwort-Spiel begreifst. Stelle dir folgende Fragen, wenn du eine bestimmte Situation analysieren möchtest:

Was genau ist aus meiner Sicht passiert? Was habe ich in der Situation getan? Was habe ich gesagt? Was habe ich mir dabei gedacht? Wie habe ich mich gefühlt? Wie habe ich mit anderen interagiert? Warum haben die anderen so gehandelt, wie sie es getan haben? Wie hat sich mein Gegenüber wohl gefühlt? Was lief gut und was hätte besser laufen können? Was habe ich daraus gelernt? Wie kann ich dieses Wissen in der Zukunft anwenden?

Bei der Beantwortung dieser Fragen können wir unterschiedlich vorgehen. Die einfachste Form ist das Nachdenken. Ob während der Bahnfahrt, beim Spazierengehen, beim Sporttreiben, beim Duschen, während der Mittagspause oder in einer anderen geeigneten Situation – jeder Moment der Besinnung ist nutzbar. Wir denken in einem ruhigen Moment über die zu reflektierende Situation nach und stellen uns die oben genannten Reflexionsfragen. Wichtig dabei ist, dass wir uns ausreichend Zeit nehmen und die nötige Ruhe haben, um die ausgewählte Situation zu analysieren. Hilfreich kann das Einführen eines festen Reflexion-Slots in unsere Tagesroutine sein. Dabei ist der Zeitpunkt des Slots gemäß den persönlichen Präferenzen flexibel wählbar. Ob vor dem Zubettgehen, gleich morgens nach der Frühroutine oder zur Mittagszeit – wichtig ist nur, dass wir diesen Slot regelmäßig zum bewussten Reflektieren der Top-Ereignisse der letzten 24 Stunden nutzen.

Eine zweite mögliche Form der Reflexion ist das Niederschreiben des Erlebten. Ein Tagebuch oder ein schriftlicher Reflexionsbericht gibt uns die Möglichkeit, die Fragen strukturiert durchzugehen und die erforderlichen Antworten in Ruhe niederzuschreiben. By the way: Wir können natürlich auch ein ganzes Buch schreiben und dies zur Selbstreflexion unseres Lebensweges nutzen ...

Der dritte Weg der Reflexion besteht darin, mit anderen Personen über das Ereignis zu sprechen und deren Perspektive miteinzubeziehen. Gespräche mit uns nahestehenden Personen, zu denen wir ein Vertrauensverhältnis haben, helfen uns, Ereignisse, Handlungen oder Emotionen zu analysieren. Ebenfalls hilfreich für die Bewertung einer Situation sind

Gespräche mit Coaches und Mentoren oder informelle Unterhaltungen mit Bekannten, die jeweils eine neutrale Perspektive einbringen.

Egal welche Reflexionsmethode wir für uns wählen, wichtig ist es, ehrlich zu sich selbst zu sein, möglichst alle Fakten zu betrachten und die eigenen Interpretationen durch die Perspektiven anderer Menschen zu ergänzen. Wir müssen offen für Veränderungen sein. So besitzen wir die Fähigkeit, uns mithilfe der Reflexion auf dem Weg zum Better-Me zu begeben. Natürlich erfordert dieser Weg auch Geduld, denn es ist ein langer Weg mit vielen Hindernissen und Umwegen. Und wir sollten uns bewusst machen, dass es ein Weg ist, der nie endet. Denn bezogen auf die Persönlichkeitsentwicklung ist der Weg das Ziel – und dieser Weg ist die Quelle von Freude und Zufriedenheit.

Wir können das Reflektieren wie jede andere Fertigkeit üben und mit der Zeit immer besser darin werden. Das vorliegende Buch ist nicht nur die Geschichte eines facettenreichen Lebenswegs, sondern es liefert dir auch jede Menge Reflexionsmaterial, um etwas für dich und dein Leben mitzunehmen. Am Ende jedes Kapitels werden die wichtigsten Reflexionsergebnisse genannt: das, was wir aus der beschriebenen Lebenssituation lernen und mitnehmen können. Wichtig ist, sich zu verdeutlichen, dass dies lediglich *eine* Perspektive ist. Vielleicht schätzt du die geschilderten Handlungen anders ein und bewertest die Ereignisse anders, als unser Protagonist Tom es tut. Das ist absolut in Ordnung, denn du hast ein anderes Better-Me als er, oder anders formuliert: du hast einen anderen Sollzustand. Es geht also lediglich darum, deine Superpower zu trainieren, und nicht darum, die individuellen Reflexionen von Tom zu bewerten.

1. Bremen – in der Kneipe

November 1987

Ich schaute aus dem Fenster meines kleinen Kinderzimmers. Irgendwie hatte niemand in meiner Familie mitbekommen, dass ich mit 19 Jahren inzwischen offiziell erwachsen war und das Zimmer deshalb einen neuen Namen hätte bekommen müssen. Volljährigen- oder Erwachsenenzimmer wäre passend gewesen. Oder wenigstens Jungspundzimmer. Aber irgendwie hatte niemand die revolutionäre Idee gehabt, das Zimmer umzubenennen.

Der Blick aus dem Fenster stimmte mich melancholisch. Es war einer dieser typischen Novemberabende in Norddeutschland. Der Himmel war mit dunklen Wolken bedeckt und es hatte den ganzen Tag geregnet. Große Pfützen sammelten sich auf der Straße. Mir wurde bewusst, dass die dunkle Jahreszeit gerade erst begonnen hatte und ich noch einige Monate warten müsste, bis die Sonne meine Haut wieder wärmen würde. Ich schloss die Augen und atmete seufzend aus, bis mich das Klingeln des Telefons im Wohnzimmer aus meinen Gedanken riss.

Einen Augenblick später hörte ich im Flur Schritte in Richtung meines Zimmers, mein Vater klopfte und vermeldete kurz: „Es ist Peer." Ich sprang auf und eilte ins Schlafzimmer meiner Eltern.

Mein Vater war Fernmeldemechaniker und als Beamter des mittleren Dienstes bei der deutschen Post beschäftigt. Dank seines Know-hows hatten wir zu Hause den Luxus eines kleinen technischen Meisterwerks: ein Telefonnetzwerk mit drei Festnetzapparaten. Ein Telefon stand im Wohnzimmer, eins im Schlafzimmer und ein weiteres in unserem kleinen, tendenziell überfüllten Kellerraum. Der Apparat im Schlafzimmer hatte den ungemeinen Vorteil, dass ich auch während der täglichen Fernsehabende der Familie im Wohnzimmer ungestört im Schlafzimmer telefonieren konnte.

Ich nahm den Hörer ab und rief in Richtung Wohnzimmer: „Ich bin am Telefon, ihr könnt auflegen!", und schon war die Verbindung hergestellt. Großartige Technik, dachte ich damals immer, wenn das Gespräch wie von Geisterhand von dem beigen Tastentelefon im Wohnzimmer auf den lindgrünen Drehscheibenapparat im Schlafzimmer umgestellt wurde.

„Moin Peer, was geht ab?", begrüßte ich meinen Freund am anderen Ende der Leitung. „Moin Tom, wir treffen uns später zum Billardspielen im Karambolage, bist du dabei?" Ich musste nicht lange überlegen: „Klar! Wer ist noch dabei?" „Jan, Matze, Bernd und wir beide, wir wollen ein kleines Turnier spielen und ein paar Bierchen trinken. 20 Uhr in der Kneipe?" Meine melancholische Stimmung war verflogen und ich freute mich auf den Abend mit meinen Kumpels: „Alles klar, bis später!"

Unsere „Männer"-Clique umfasste je nach Konstellation sieben bis acht Freunde. Die fünf, die an diesem Tag zusammenkamen, bildeten den harten

Kern der Clique. Wir kannten uns schon seit vielen Jahren und besuchten gemeinsam das Schulzentrum im Holter Feld – ein schmuckloser Betonzweckbau aus den 70er-Jahren, der direkt neben dem Mercedes-Benz Werk Bremen lag. Matze, Bernd und ich waren seit dem ersten Schuljahr Klassenkameraden, Jan und Peer stießen in der siebten Klasse dazu. Mittlerweile waren wir in der 13. Klasse. Während der vergangenen Jahre hatte sich zwischen uns eine tiefe und vertrauensvolle Freundschaft entwickelt. Wir hatten immer viel Spaß zusammen, und auch die eine oder andere kleine Krise konnte unsere Beziehung nicht erschüttern.

Die Vorfreude auf das Treffen mit meinen Kumpels war so groß, dass ich die 20-minütige Radtour durch den Regen locker in Kauf nahm. Ziemlich nass betrat ich wenig später pünktlich unsere Stammkneipe, das Karambolage. Wir trafen uns dort ungefähr einmal im Monat zum Billardspielen. Der nostalgische Charme der Kneipe war von einer in die Jahre gekommenen dunklen Holzeinrichtung geprägt und versetzte uns bei jedem Besuch in die 60er-Jahre.

Jan, Matze und Bernd waren bereits da und hatten uns einen Tisch organisiert. Ich setzte mich neben Bernd auf eines der verschlissenen Kissen der Holzbank. „Moin Jungs, wie geht's? Wo ist Peer?" Peers Verspätungen hatten bei uns in der Clique eine lange Tradition. Eigentlich war er immer zu spät. Als er um 20:30 Uhr endlich ankam, musste er sich wie üblich unsere Sprüche gefallen lassen: „Na Peer, hast du beim Schneckenrennen heute wieder verloren?" Er schien es wie immer zu genießen.

Da die Billardtische noch nicht frei waren, unterhielten wir uns zunächst über belanglose Sachen wie das schlechte Wetter. Die Stimmung hellte sich sofort auf, als Jan den famosen 6 : 2-Sieg von Werder Bremen gegen Spartak Moskau im UEFA-Pokal vom vergangenen Mittwoch ansprach. Das Spiel war das erste der sogenannten Wunder von der Weser. Niemand von uns und wahrscheinlich auch niemand in der ganzen Stadt hatte nach der 1 : 4-Pleite im Hinspiel in Moskau mit diesem hohen Sieg und dem Weiterkommen in die nächste Runde gerechnet. „Unser" Trainer Otto Rehhagel und seine Spieler hatten Unvergessliches vollbracht. Das Haake-Beck-Bier schmeckte uns plötzlich noch besser.

Nachdem wir eine Weile auf Werders emotionaler Erfolgswelle gesurft waren, warf Jan plötzlich völlig unvermittelt in die Runde: „Und was ist euer Plan nach dem Abitur?" Die eben noch so gelöste Stimmung war plötzlich angespannt. Wir alle befanden uns auf der Zielgeraden unserer Schullaufbahn; in einem halben Jahr standen die Abiturprüfungen an. Theoretisch sollte uns danach die Welt offenstehen. Aber jeder von uns wurde bei diesem Thema nervös. Zum einen war da die Ungewissheit, ob und wie wir die Prüfungen bestehen würden. Und zum anderen war der Findungs- und Entscheidungsprozess, was wir danach machen würden, bei den meisten noch voll im Gange.

Jan verkündete schließlich: „Ich werde eine Ausbildung zum Elektroniker machen, ich habe eine Zusage von den Stahlwerken bekommen." Wahrscheinlich dachte jeder von uns dasselbe, aber keiner sprach es aus: Machten wir dafür das Abitur? Um eine technische Ausbildung zu absolvieren? Nach einer kurzen Gesprächspause meinte Bernd: „Ich glaube, das ist eine gute Idee, erst mal eine Ausbildung zu machen. Dann hat man den Gesellenbrief in der Tasche und ist abgesichert. Wenn wir später noch Lust haben, können wir immer noch studieren!" Ich stutzte. Ich kannte Bernd als hochintelligenten jungen Mann mit sehr guten Noten in Mathematik und Physik. Er wäre sicherlich in der Lage, jedes Studium erfolgreich zu absolvieren, dachte ich. Warum meinte er, dass eine Ausbildung ihm Sicherheit geben würde?

Schließlich äußerte sich auch Matze: „Ich glaube, ich mache eine Ausbildung zum Vertriebskaufmann." Das haute mich nun vollends vom Stuhl. Ich fuhr meinen Freund an: „Was? Du bist doch kein Vertriebsmensch! Das passt doch gar nicht zu dir!" Auch Matze war ein schlaues Bürschchen, wenn auch eher introvertiert. Er liebte es, stundenlang mit dem Fahrrad in den Weiten der Wümmewiesen umherzufahren und Vögel zu beobachten. Ein richtiger Öko und Ornithologe. Und mit Sicherheit kein Verkäufer, der den Kunden ständig auf die Nerven geht! „Wie kommst du den darauf?", fragte ich ihn. „Ach, ich weiß ich auch nicht so richtig. Auf Biologie hätte ich auch Lust, aber mein Vater sagt immer, dass das eine brotlose Kunst ist. Ich glaube, das

Kaufmännische kann ich ganz gut, und ich habe auch schon ein paar Bewerbungen geschrieben. Mein Vater unterstützt mich dabei, die richtige Firma zu finden. Er ist ja auch Verkäufer und kennt sich gut aus."

Bernd erzählte nun seinerseits freudig: „Ich habe nächste Woche mein erstes Bewerbungsgespräch! Ich habe mich bei der Hardware- und Softwarefirma in der Nähe unserer Schule als Mathematisch-Technischer Assistent beworben." „Echt!", meinte Jan, „da wünsche ich dir viel Erfolg!" Innerlich schüttelte ich den Kopf. „Warum studierst du nicht Informatik?", fragte ich nach. „Das liegt dir bestimmt und du würdest das Studium locker schaffen." Nach einer kurzen Pause antwortete er: „Ich weiß nicht genau, aber der Vorteil ist, dass die Ausbildung nur drei Jahre dauert anstatt fünf Jahre wie das Uni-Studium. So verdiene ich zwei Jahre früher Geld."

Nun war Peer an der Reihe. Seine Antwort auf Jans Frage, was er nach dem Abi machen wolle, überraschte mich nicht: „Ach, das weiß ich auch noch nicht, muss ich mir mal überlegen, jetzt erst mal das Abi schaffen." Er war im Leben mal wieder spät dran.

Und dann geschah das Unvermeidliche und Jan stellte mir die Frage, die mir den Schweiß auf die Stirn trieb: „Tom, was willst du denn machen?" Tja, das war das Problem, ich wusste es nicht. Ich war zu dieser Zeit völlig orientierungslos und hatte absolut keine Ahnung, was ich machen sollte. Ich war mir noch nicht mal sicher, ob ich das Abitur überhaupt schaffen würde. Ich hatte mich in den letzten Jahren um viele Sachen gekümmert, aber eben nicht um die Schule und schon gar nicht um die Zeit nach dem Abi. Wenn es die denn überhaupt geben sollte. Vielleicht würde es auch nur die Zeit nach der Schulzeit werden.

In den letzten Monaten hatte ich die Schule ordentlich vernachlässigt. Seitdem ich meine Entschuldigungen seit dem 18. Geburtstag selbst schreiben konnte, war mein Fehlzeitenkonto ungebremst in die Höhe geschnellt. Ich war sogar von meinem Vertrauenslehrer angesprochen worden, ob ich nicht in nächster Zeit mal wieder häufiger in der Schule vorbeischauen wollte. Das war mir natürlich peinlich, aber meine Motivation war gleich null. So manchen Nachmittag hatte ich lieber mit Jan auf dem Osterdeich in der Nähe des Weserstadions verbracht, die Sonne genossen und ein paar Bierdosen geleert, als die Nachmittagskurse in der Schule zu besuchen. Die Hausaufgaben erledigte ich nur noch in den Pausen und direkt vor dem Unterricht, indem ich sie hastig von meinen Kumpels abschrieb. Das führte zwar regelmäßig zu Stresssituationen vor den Unterrichtsstunden, aber die Macht der Prokrastination, auch Verschieberitis genannt, war einfach unermesslich groß. Die Klausurergebnisse rutschten in dieser Phase buchstäblich in den Keller.

Offensichtlich hatte mein Vater meine Orientierungslosigkeit bemerkt und von sich aus bei dem Energieversorgungsunternehmen, an dem er täglich auf seinem Arbeitsweg vorbeifuhr, nachgefragt, ob sie Ausbildungsplätze anboten. Die Firma bildete jedes Jahr ein Dutzend Lehrlinge zum Energieelektroniker aus. Der Bewerbungsprozess für das nächste Jahr war eigentlich schon abgeschlossen, aber just an dem Tag, als mein Vater bei der Firma nachfragte, hatte einer der ausgewählten Bewerber abgesagt. Es war also ein Ausbildungsplatz frei. Man sagte meinem Vater, dass ich doch schnell eine Bewerbung einreichen sollte und sie mich dann zu einem Bewerbungsgespräch einladen würden. Schicksal, Zufall, Glück? Wie auch immer man diese Gegebenheit bezeichnen mag, das Gespräch verlief jedenfalls positiv und ich hatte die Zusage für die Ausbildungsstelle vor einer Woche bekommen. Meinen Freunden hatte ich davon noch nichts erzählt, da ich natürlich nicht gerade stolz auf das Zustandekommen war und auch nicht wusste, ob die Lehre das Richtige für mich war. Aufgrund mangelnder Alternativen hatte ich mich jedoch entschieden, die Ausbildung anzutreten. Ich antworte also wahrheitsgemäß: „Tja, ich hatte doch von dem Energieversorger erzählt, bei dem mein Vater nachgefragt hat … Und ja, es hat geklappt, ich habe diese Woche eine Zusage bekommen." „Echt! Das ist ja toll!", rief Jan. „Darauf müssen wir anstoßen", meinte Bernd, und wir stießen mit unseren halb leeren Biergläsern an.

„Ein Billardtisch ist frei!", rief Peer plötzlich laut in die Runde und stürzte in den Nachbarraum zum frei gewordenen Tisch, um uns die nächsten Spiele zu sichern. „Wer spielt gegen wen?"

Der weitere Abend verlief wie immer, wenn wir Schulfreunde gemeinsam unterwegs waren: Wir hatten Spaß und tranken ein paar Bier. Die überheblichen Sprüche und Seitenhiebe nach missglückten Stößen des gegnerischen Teams gehörten ebenso dazu wie die großen Emotionen nach dem Turniersieg. Wie immer sorgte Peer für die meisten Slapstickmomente und Lacher. Ich mochte ihn für seine unbekümmerte, humorvolle und manchmal etwas trottelige Art.

***

Was aus den fünf Freunden in beruflicher Hinsicht geworden ist? Alle bestanden das Abitur. Die Abschlussnoten lagen zwischen sehr gut (Bernd) und gerade so geschafft (Tom). Tom kriegte noch rechtzeitig die Kurve und bestand das Abi mit der zweitschlechtesten Note des Schuljahrgangs. Matze schloss seine Ausbildung als Vertriebskaufmann erfolgreich ab. Später machte er sich mit einem Partner selbstständig und gründete ein sehr erfolgreiches internationales Handelsunternehmen. Fazit: Manchmal kommt es anders, als man denkt.

Jan machte wie Tom eine Ausbildung zum Elektroniker. Sein Vater war auch Handwerker. Nach der erfolgreich abgeschlossenen Lehre arbeitete er viele Jahre als Elektriker bei seiner Ausbildungsfirma. Karriere war ihm nie wichtig und er entschied sich bewusst gegen eine Weiterbildung zum Meister oder ein Studium. (Ich bewundere Jan dafür, dass er ein glückliches und zufriedenes Leben führt, auch ohne berufliche Karriere.) Bernd wurde nach der Ausbildung zum Mathematisch-Technischen Assistenten von seiner Ausbildungsfirma übernommen und arbeitet dort auch heute noch als brillanter Programmierer.

Reflexion & Erkenntnisse:

Unser Umfeld:
- Gute Freunde sind ein Quell von Glück!
- Wir werden von unserem Umfeld, egal ob es Freunde, Familie oder Bekannte sind, geprägt und beeinflusst. Positiv oder negativ. In meinem Freundeskreis absolvierten alle eine Ausbildung, wie es in ihren Familien „üblich" war.
- Achte auf dein Umfeld und suche dir Bekanntschaften und Vorbilder, die dort sind, wo du noch hinkommen willst. Solche Vorbilder hatte ich zu dieser Zeit nicht.
- Lass dich nicht von Menschen in deinem Netzwerk ausbremsen. Wenn nötig, entferne dich von diesen Menschen, denn sie tun dir nicht gut.

Mindset & Werte:
- Mit Pünktlichkeit drücken wir Respekt und Wertschätzung gegenüber anderen Menschen aus. Wir zeigen damit unsere Verlässlichkeit und Professionalität und dass wir unser Leben im Griff haben. (Peer ist auch heute noch oft unpünktlich.)
- Prokrastination ist eine Verhaltensweise mit Vor- und Nachteilen. Ein Vorteil ist, dass sich einige Dinge von selbst erledigen, wenn man sie nach hinten schiebt. Ist

das nicht der Fall, erzeugt diese Verhaltensweise allerdings Stress. Wir sollten uns auf die wichtigen Themen im Leben fokussieren und sie nicht vor uns herschieben, auch wenn sie manchmal keinen Spaß machen.

Allgemeine Erkenntnisse:
- Das Zimmer heißt 40 Jahre nach diesem Tag immer noch Kinderzimmer. Manche Dinge ändern sich einfach nie.

Die Suche nach dem Sinn des Lebens:
- Meine Antwort auf die Frage nach dem Sinn des Lebens lautete zu dieser Zeit ungefähr: „Ähm, keine Ahnung! Was ist denn das überhaupt für eine Frage?"

2. Bremervörde – Grillwurst und Entscheidungen

Es war ein wunderschöner sonniger Tag. Ich lag ausgestreckt auf einer kleinen Decke auf einer saftig grünen Wiese am Waldrand. Überall blühten wilde Blumen und ich hörte das Summen der Bienen, die fleißig Nektar sammelten und Blütenpollen von Blume zu Blume flogen. Ganz schön fleißig, diese Insekten, dachte ich und bekam beinahe ein schlechtes Gewissen. Die Sonne schien mir ins Gesicht und die Gerüche und Geräusche der Natur brachten ein Gefühl von Freiheit mit sich. Im Hintergrund hörte ich meine Kollegen, die sich über eine offensichtlich sehr lustige Familienfeier am vergangenen Wochenende unterhielten. Mein Ausbildungsbetreuer versuchte, die Holzkohle im mitgebrachten Grill zum Glühen zu bringen. Unser oranger Kastenwagen mit dem für unsere tägliche Arbeit erforderlichen Equipment parkte auf dem Waldweg. Heute stand für unseren Vierertrupp nur ein einziger Auftrag auf dem Arbeitsplan. Wir sollten in unmittelbarer Nähe auf dem 40 Meter hohen Hochspannungsmast einer 110 000-Volt-Übertragungsleitung einen defekten Isolator auswechseln. Ein Auftrag, der von den erfahrenen Kollegen in zwei Stunden erledigt werden konnte. Also hatten wir genug Zeit, zum Mittag eine paar Würste auf den Grill zu legen.

Ich hörte den Bienen weiter zu, schloss meine Augen und genoss die Sonne. Meine Gedanken schweiften umher. Inzwischen war ich schon fast im dritten Lehrjahr angekommen. Mehr als die Hälfte meiner Ausbildungszeit von dreieinhalb Jahren war vorüber. Ich hatte damals die Lehrstelle angetreten, die mein Vater für mich organisiert hatte. Nur noch eineinhalb Jahre, dann ist die Ausbildung vorbei und ich bin ausgebildeter Energieelektroniker, dachte ich. Genauer gesagt: ein zufällig ausgebildeter Energieelektroniker. Denn durch die Initiative meines Vaters war ich mehr oder weniger fremdgesteuert in diesem Beruf gelandet und damit in seine Fußstapfen getreten.

In den vergangenen Wochen hatte ich mich immer häufiger damit beschäftig, was ich nach der Ausbildung machen sollte. Die Ausbildungszeit gefiel mir. Einige meiner Kollegen aus meinem Lehrjahr waren zu Freunden geworden. Die Chefs waren in Ordnung und die Einsätze im Versorgungsgebiet des Stromversorgers boten einen interessanten Einblick in die Arbeitswelt. Stress gab es im Arbeitsalltag eines Energieelektronikers, der für einen der halbstaatlichen Stromversorger arbeitete, selten. Lediglich bei Unwettern kam Hektik auf. Umkippende Bäume konnten Hochspannungsleitungen beschädigen, sodass die Stromversorgung von Kunden unterbrochen wurde. Dann war Eile angesagt. Glücklicherweise kam das jedoch nicht häufig vor, sodass der Job im Großen und Ganzen eher entspannt war. Heute würde man sagen: Die Work-Life-Balance war absolut in Ordnung.

Trotzdem war in den letzten Wochen immer wieder die Frage aufgetaucht: Ist das der richtige Job für mich? Will ich über Jahre oder sogar Jahrzehnte als Energieelektroniker bei Wind und Wetter auf Strommäste klettern, um dort irgendwelche Reparaturen durchzuführen? Sicherlich war das ein wichtiger Job, aber war es auch der Job, der mir Spaß machte und mir etwas zurückgab? Die Antwort stand schnell fest: Nein, das sollte es nicht gewesen sein! Ich wollte gerne noch etwas anderes machen. Vielleicht könnte ich mein Abitur doch noch nutzen und ein Studium versuchen? Aber würde ich das überhaupt schaffen? Ich hatte doch so ein schlechtes Abi. Und was sollte ich überhaupt studieren? Fragen über Fragen ohne Antworten.

Bei aller Unklarheit, wie meine Zukunft aussehen könnte, war in den letzten Monaten ein Wunsch in mir gewachsen. Ich wollte beruflich Verantwortung übernehmen und irgendwann einmal eine Führungskraft werden. Ich verband damit die Möglichkeit, zu gestalten und gemeinsam mit einem Team Ziele zu erreichen. Während meiner Ausbildung hatte ich ein paar Führungskräfte kennengelernt – und damit sehr unterschiedliche Ausprägungen von Führungsverhalten. Da war unser motivierter Lehrmeister Herr Zinn, der uns Auszubildenden möglichst viel beibringen wollte. Es gab aber auch Führungskräfte wie den Leiter der Instandsetzungswerkstatt, der ständig über das Unternehmen meckerte und mit sich und seiner Situation unzufrieden war. Immer wenn ich in seine

Werkstatt kam, merkte ich, wie meine Stimmung durch die negative Atmosphäre schlechter wurde. Mein heimliches Vorbild war unser Personalleiter. Ich bewunderte seine Persönlichkeit und sein Auftreten. Adrett gekleidet trat er stets souverän auf und konnte jedes auftauchende Problem eloquent aus dem Weg räumen. Er war für mich eine wahre Führungspersönlichkeit, zu der ich aufschaute und der ich nacheifern wollte. Das Problem war nur, dass ich eben „nur" Tom war: ein kleiner Auszubildender, durchdrungen von Selbstzweifeln und fehlendem Selbstbewusstsein, der von seinem Ausbilder Aufträge übernahm und sie nach bestem Wissen und Gewissen erfüllte. Ich, Tom, eine Führungskraft, die souverän und selbstbewusst andere steuert!? No way. Das war so weit weg, dass es mir geradezu unreal erschien.

Doch der Gedanke ließ mich nicht los. Okay, ein Schritt nach dem anderen, dachte ich. Um Führungskraft zu werden, ist es sicherlich sehr hilfreich, ein Studium zu absolvieren. Ich war zu dieser Zeit schon überzeugt davon, dass ich die Ausbildung erfolgreich abschließen würde. Das gab mir die Sicherheit, mit einem Studium etwas ausprobieren zu können, bei dem nicht garantiert war, dass ich es schaffen würde. Die Ausbildung hatte also doch einen Sinn. Sie gab mir die Sicherheit, auch riskante Entscheidungen treffen zu können. Doch was für ein Studium kam für mich überhaupt infrage? Chef sein assoziierte ich damals mit Betriebswirtschaftslehre, da auch unser Personalleiter diplomiertet BWLer war. Allerdings wollte ich auch auf die dreieinhalb Jahre Ausbildung aufbauen, also etwas mit Elektrotechnik machen. Das damals noch recht neue Studienfach Wirtschaftsingenieurwesen mit der Fachrichtung Elektrotechnik lag deshalb nahe. Zu diesem Zeitpunkt war ich mir noch nicht bewusst, dass dieses Studium eine sehr anspruchsvolle Fächerkombination mit Abbrecherquoten von über 50 Prozent beinhaltete. Hätte ich das gewusst, hätte ich mich wohl anders entschieden.

„Die Würste sind fertig!", rief mein Betreuer und riss mich damit aus meiner Gedankenwelt. Ich ging zu den Kollegen und nahm mir einen Pappteller, legte eine Wurst und eine Portion fertigen Kartoffelsalat und etwas Senf darauf – fertig war das Festessen. Karl-Heinz, der erfahrene Kollege, der schon 40 Jahre bei unserer Firma arbeitete, fragte mich plötzlich: „Tom, was willst du eigentlich nach deiner Ausbildung arbeiten? Willst du in der Verwaltung in Bremen arbeiten oder bei uns im Versorgungsgebiet?" Ich war von der Frage überrascht und überlegte, ob ich laut gedacht hatte. Nach einigem Zögern sagte ich: „Ach, ich bin mir noch nicht sicher. Ich habe mir überlegt, ob ich nach der Ausbildung studieren sollte. Was meinst du, Karl-Heinz?"

Ich mochte Karl-Heinz. Er war ein sympathischer und offener Mann, der immer hilfsbereit war und sein Wissen und seine Erfahrungen gerne teilte. Er war einer dieser Menschen, von denen ich etwas lernen konnte. Karl-Heinz war ein etwas korpulenter Mann mit grauen Haaren. Ich schätzte ihn auf Ende 50.

Insbesondere mochte ich ihn dafür, dass er an anderen Menschen Interesse zeigte.

„Das ist eine richtig gute Idee, Tom! Das traue ich dir zu. Du schaffst das!" Überrascht schaute ich ihn an. Meinte er das ernst? Oder versuchte er gerade, mich aufzuziehen? Mein Selbstzweifel suchte in seiner Aussage nach Ironie oder Sarkasmus. Aber es schwang nichts davon in seinen Worten mit. Er schien es ernst zu meinen. „Meinst du wirklich?", fragte ich ihn. Und dann hörte ich einen Satz, den ich in meinem Leben noch mindestens einmal hören würde: „Tom, ich weiß, dass du dir dessen nicht bewusst bist, aber in dir steckt mehr, als du denkst!" Mein Selbstzweifel versuchte, diesen Satz zu überhören, aber irgendwie hallte er in mir nach. War das wirklich so? War ich doch nicht der talentlose Mensch, der nachgewiesenermaßen zu den schlechtesten Abiturienten in Bremen gehörte? „Wenn du dir das fest vornimmst, wirst du deine Ziele erreichen und ein Studium schaffen!", fügte Karl-Heinz hinzu. „Du solltest es auf jeden Fall versuchen! Das habe ich auch meiner Tochter vor einigen Jahren gesagt, und heute ist sie Ärztin. Sie hat das geschafft, was ich mir selbst in jungen Jahren immer erträumt habe, aber nie angegangen bin. Tom, merk dir eins: Die Zeit, die du in deine Ausbildung steckst, zahlt sich später auf jeden Fall aus. Du solltest es angehen!"

Das kurze Gespräch mit Karl-Heinz wirkte noch eine ganze Weile in mir nach. Es half mir, meinen Entschluss zu fassen: Ich würde studieren! Natürlich war noch viel zu organisieren. Zuallererst musste ich mit meinen Eltern sprechen, um die Finanzierung des Studiums zu klären. Nachdem ich mich für das Studium des Wirtschaftsingenieurwesens mit der Fachrichtung Elektrotechnik entschieden hatte, stand die Auswahl der Uni auf dem Plan. Gerne wollte ich aus meiner Heimatstadt Bremen raus, um neue Erfahrungen zu machen und andere Orte kennenzulernen. Das wiederum bedeutete Mietkosten für ein Studentenzimmer. Konnte ich mir das leisten? Viele offene Themen waren zu klären!

Der sonnige Tag in Bremervörde war ein Tag, an dem eine wichtige Entscheidung in mir gereift war. So hatte dieser Tag einen großen Einfluss auf mein zukünftiges Leben. Es war der Startpunkt auf einem Weg raus aus meinem bisherigen Leben und meiner Komfortzone und hinein in ein ereignisreiches neues Leben.

 Reflexion & Erkenntnisse:

Unser Umfeld:

- Manchmal treffen wir im Leben auf Menschen, von denen wir nicht erwarten, dass sie einen Einfluss auf unser Leben nehmen werden. Und wenn es nur ein paar Sätze des Zuspruchs und der Motivation sind, die uns helfen, Entscheidungen zu treffen. Ich bin Karl-Heinz heute für seine Worte von damals sehr dankbar, auch wenn ich es ihm nicht mehr sagen kann.

Persönlichkeitsentwicklung:

- Selbstzweifel können unsere persönliche Entwicklung ausbremsen. Wir sollten die Hemmnisse erkennen und uns ihnen stellen, sie ergründen und neue Wege suchen.

Erfolgsfaktoren:

- Wir müssen Entscheidungen treffen, auch wenn Unklarheit über deren Folgen besteht. Wir müssen akzeptieren, dass Unklarheit und Ungewissheit dem Blick in die Zukunft immanent sind.
- Manchmal hilft ein Sicherheitsnetz, wie z. B. eine abgeschlossene Ausbildung, bei der Entscheidungsfindung.
- Zum Nachdenken und für das Treffen von Entscheidungen sollten wir uns Zeit und Ruhe gönnen.
- Um andere Menschen zu führen, gibt es eine einzige Voraussetzung: Wir müssen uns selbst führen können.

Humankapital (Wissen generieren):

- Die Investition von Zeit in Humankapital ist die wertvollste Investition, die wir für unsere Zukunft tätigen können. Humankapital bezieht sich auf die Gesamtheit der Fähigkeiten, Kenntnisse und Erfahrungen, die wir aufbauen, und sie ist ein Maßstab dafür, wie wertvoll wir für Arbeitgeber sind, bzw. die Basis für eine erfolgreiche Selbstständigkeit.

Die Suche nach dem Sinn des Lebens:

- Meine Antwort auf die Frage nach dem Sinn des Lebens zu diesem Zeitpunkt lautete: „Ich weiß zumindest,

was ich nicht will, nämlich mein Leben lang Hochspan-
nungssicherungen auswechseln."

• Besteht ein Sinn des Lebens darin, Führungskraft zu
sein? Meine Antwort heute lautet: Nein.

3. Braunschweig – Gamechanger-Events

Oktober 1994

Ich saß mal wieder am Schreibtisch meines Braunschweiger WG-Zimmers im Studentenwohnheim Weststadt und starrte auf meine Lernunterlagen. Die Mitschrift der letzten Vorlesung handelte von der Theorie der elektromagnetischen Felder – und erschien mir wie ein Buch mit sieben Siegeln. Offensichtlich gehörte ich nicht zu den Menschen, die die Befugnis hatten, diese Siegel zu öffnen! Schon in der letzten Vorlesung hatte ich mit großen Augen in der vorletzten Reihe des Hörsaals gesessen und auf das Tafelbild gestarrt. Ich verstand gar nichts! Ich versuchte mir einzureden, dass das an den didaktischen Fähigkeiten des Professors lag. Was sollte man auch von einem Dozenten erwarten, der in den Fächern Physik und Philosophie unterwegs war? Eine Fächerkombination, die in meinen Augen für eine verständliche Vermittlung der Lehrinhalte an normalbegabte Studenten eher ungünstig war.

Meine Gedanken schweiften weiter ab. Wie sollte ich diese verdammte Klausur am Ende des Semesters bestehen? Turnusgemäß hätte ich die Prüfung eigentlich schon im Sommer ablegen müssen. Da ich aber in keiner Weise für diese Prüfung vorbereitet gewesen war, hatte ich mich zum ersten Mal während meines

Studiums dazu entschlossen, eine Klausur zu verschieben und sie ein Semester später zu schreiben. Im Nachhinein war das eine sehr weise Entscheidung, denn die Durchfallquote hatte im letzten Sommer bei rekordverdächtigen 94 Prozent gelegen! Ich hätte mit hundertprozentiger Sicherheit nicht zu den sechs Prozent gehört, die diese Prüfung bestanden hatten. Allerdings konnte ich nicht länger vor dieser Klausur weglaufen, denn sie gehörte in meinem Studiengang zu den Pflichtprüfungen. Ich musste dieses verdammte Thema also einfach irgendwie in meinen Kopf bekommen. Ich wollte doch nicht an irgendwelchen nicht sichtbaren elektromagnetischen Feldern scheitern und mein Studium erfolglos abbrechen müssen!

Interessanterweise hatte ich während des Studiums immer viel Motivation aus meiner Angst vor einem möglichen Abbruch gezogen. Ich wollte mit allen Mitteln vermeiden, meinen Eltern und meinen Kumpels sagen zu müssen: Sorry, aber ich habe es nicht geschafft. Ich bin nicht gut genug und habe versagt. Diese Versagensängste hatte ich zum ersten Mal am Ende des ersten Semesters so richtig gespürt, als ich die allererste Prüfung, eine Matheklausur, nicht bestanden hatte. Diese Niederlage löste jedoch nicht nur Ängste aus, sondern war für mich ein heilsamer Schock, aus dem ich Motivation für Veränderungen zog.

Offensichtlich hatte ich das erste Semester irgendwie verpennt und den Trott der etwas unmotivierten

Abi-Zeit und der relaxten Ausbildung lediglich an den neuen Standort Braunschweig adaptiert. Nach dem Nichtbestehen der ersten Prüfung kam ich zur Einsicht, dass ich meine Einstellung ändern musste, wenn ich dieses schwierige Studium schaffen wollte. Daraufhin löschte ich alle PC-Spiele von meinem Computer, um nicht mehr regelmäßig und zum Teil ausschweifend lang zu zocken. Außerdem schränkte ich meine regelmäßigen Besuche in den Kneipen und Diskotheken von Braunschweig ein und erhöhte die Lernzeit an meinem Schreibtisch erheblich. Ein neuer und für mich bisher unbekannter Fokus auf das Studium entstand. Ein positives Ergebnis des Wandels war, dass ich die Wiederholungsprüfung der Matheklausur bestand und auch alle weiteren Klausuren seitdem erfolgreich mit dem ersten Versuch hatte abschließen können.

Aber nun kamen die alten Versagensängste bei der Vorbereitung auf die anstehende Prüfung wieder auf. Die Theorie der elektromagnetischen Felder war der letzte große Stolperstein vor dem Vordiplom. Unter uns Studenten war bekannt, dass bis zum Vordiplom kräftig gesiebt wurde und sich die Studierendenzahl während dieser Zeit von Semester zu Semester reduzierte. Die Abbrecherquote in meinem Jahrgang lag schon jetzt bei nahezu 50 Prozent. Good News: Wer diese Siebphase überstand und das Vordiplom erfolgreich absolvierte, würde mit nahezu hundertprozentiger Sicherheit das Studium erfolgreich beenden und sein Diplom bekommen. Und genau das war mein großes Ziel: Ich wollte dieses Diplom in der Tasche haben, um dann den nächsten Lebensabschnitt als diplomierter Wirtschaftsingenieur angehen zu können. Es blieb mir also nur eins übrig: ran an diese Prüfung und ran an die vier Maxwell-Gleichungen der Elektrodynamik! Und zwar möglichst mit Freude und Leichtigkeit, um die Berechnungen der Divergenz und Rotation von Vektorfeldern so richtig zu genießen ...

Die Türklingel riss mich aus meinen Gedanken. Da ich gerade als Einziger unserer Vierer-WG zu Hause war, beeilte ich mich, zur Wohnungstür zu kommen. Es war Monika! Wir waren seit einem halben Jahr zusammen und ich war total in sie verschossen. Wir hatten uns in der traditionsreichen Braunschweiger Diskothek Jolly Joker kennengelernt. Damals hatte sie mich an der Bar mit den Worten angesprochen: „Hallo, was willst du denn in Zukunft so alles machen?" Ich war von der Kontaktaufnahme so überrascht, dass meine Antwort eher oberflächlich ausfiel: „Hm, gute Frage. Ach, ich will reich werden, wenn ich groß bin." Moni war eine sehr auffällige Erscheinung. Ihre hennagefärbten langen Haare trug sie im Zopf. Sie war älter als ich, aber eins war klar, sie war selbstbewusst und wusste, was sie wollte.

„Moni! Was machst du denn hier? Ich dachte, du arbeitest!" Monika schaute mich etwas verlegen an und zögerte. Ich nahm sie an die Hand, gab ihr einen Kuss und spazierte mit ihr in mein Zimmer. Ich spürte ihre Anspannung; ihre Blicke schweiften im Zimmer umher. „Was hast du denn, Moni? Was ist los?", fragte ich sie. Sie zögerte kurz, dann schaute sie mir fest in die Augen und sagte die wenigen Worte, die unsere Welt verändern sollten: „Tom, ich bin schwanger!"

Die nächsten Sekunden herrschte absolute Stille im Raum. Meine Gefühlswelt tanzte Samba und Tango zur selben Zeit. Die Seele sagte: Ach wie schön, ein süßes Baby. Das Herz glühte auf und erzeugte wohltuende Wärme. Da war die Hoffnung, bald wahre Liebe zu erleben. Mein Bauch meldete sich mit einem tiefen Grummeln der Ungewissheit. Und mein Kopf? Der ratterte auf Hochtouren: Schwanger?!? Ich bin doch erst 26 Jahre alt und noch Student! Ich werde noch mindestens drei Jahre studieren und nicht die finanziellen Möglichkeiten haben, eine Familie zu ernähren. Und Moni und ich sind doch erst so kurz zusammen! Es ist ein denkbar ungünstiger Zeitpunkt, schwanger zu sein!

Moni unterbrach die Stille und sagte leise, aber sehr bestimmt: „Ich werde nicht abtreiben!" Diese Aussage verschaffte Klarheit. Meine Gedanken sortierten sich. Vor ein paar Jahren hätte ich mir ganz und gar nicht vorstellen können, Kinder in die Welt zu setzen. Damals war ich einfach nicht bereit dazu und hätte die Verantwortung für eine Familie weder übernehmen können noch übernehmen wollen. In der letzten Zeit hatte sich meine Meinung allerdings geändert. Ich konnte mir durchaus vorstellen, irgendwann einmal Kinder zu haben. Offensichtlich war ich mittlerweile bereit, Verantwortung zu übernehmen.

Verantwortung nicht nur für mich und mein Leben, sondern auch für eine Familie. Denn eigentlich mochte ich Kinder, und ich stellte mir die Liebe, die ich für meine künftigen Kinder empfinden würde, als etwas sehr Schönes vor. Ich konnte mir deshalb gut vorstellen, eine Familie zu gründen, aber diese Vorstellung bezog sich auf einen Zeitpunkt irgendwann in der Zukunft! Vielleicht nach dem Studium, wenn ich meinen ersten gut bezahlten Job angetreten hätte, aber doch nicht jetzt!

In diesem Moment erlebte ich die ganze Wucht eines Gamechanger-Events. Das sind Ereignisse, die in den meisten Fällen nicht geplant sind und die so ziemlich alles auf den Kopf stellen. Meine Reaktion darauf war einfach: Es war offensichtlich eine Situation, die ich nicht ändern konnte. Und je mehr ich mich in diesem Moment mit der neuen Situation beschäftigte, desto mehr war es auch eine, die ich nicht ändern wollte! Es war schließlich etwas Wunderbares, der Vater eines neuen Erdenbürgers zu werden. Okay, dachte ich, dann ist der richtige Zeitpunkt, eine Familie zu gründen, wohl jetzt! Ich nahm Monis Hände und sagte ganz leise: „Moni, das schaffen wir zusammen. Ich freue mich auf unser Baby! Das wird ein ganz besonderer kleiner Erdenbürger!" Wir umarmten uns; und beiden liefen die Tränen herunter.

In den nächsten Tagen beschäftigte uns die neue Situation, dass ein kleiner Mensch in Monis Bauch heranwuchs, sehr. Die Schwangerschaft und die Geburt unseres Babys würden vieles verändern. Tausend

Gedanken gingen mir durch den Kopf: Werden wir genug Geld haben? Werde ich weiterhin Zeit haben, zu studieren? Muss ich meinen Joker ausspielen und wieder als Elektriker arbeiten? So viel Ungewissheit und Unklarheit wühlte mich auf. Aber eins war mir klar, ich würde Verantwortung für meine Familie übernehmen, mein Kind lieben und alles dafür tun, dass es ihm gut ging. Ich wollte dem Vorbild meiner Eltern folgen, die Verantwortung für meine Schwester und mich übernommen hatten und mich auch während meines Studiums großartig unterstützten.

Die Nachricht von Monis Schwangerschaft führte zu einigen Veränderungen in unserem Leben. Moni und ich zogen zusammen in ihre Wohnung, auch um die Miete für mein WG-Zimmer zu sparen. Ich übernahm einen Nebenjob in einem kleinen Elektrofachgeschäft und so fanden wir einen Weg, das Leben unserer werdenden Familie zu finanzieren. Und das Beste war, dass ich weiter studieren konnte. Die Schwangerschaft war eine große Motivation für mich, das Studium nun noch konsequenter anzugehen. Ich wollte es schnellstmöglich beenden, um bald das erforderliche Geld zu verdienen, um meine Verantwortung als Familienvater voll übernehmen zu können.

Im Mai des darauffolgenden Jahres kam dann meine große Liebe zur Welt: Die kleine Lina war für mich als Vater einfach das wundervollste Lebewesen auf diesem Erdball!

Reflexion & Erkenntnisse:

Erfolgsfaktoren:
- Es gibt zwei Quellen der Motivation. Die auf Ängsten basierende Motivation „Ich will etwas vermeiden" (z. B. die Angst, zu versagen) oder die auf Freude und Sinn basierende Quelle „Ich will etwas erreichen" (z. B. die Welt verändern oder Verantwortung übernehmen). Die Zeit des Studiums in Braunschweig war ein Mix aus beidem.
- Extrinsische Motivation lässt dich Berge erklimmen, auch wenn du im Herzen Seefahrer bist. Intrinsische Motivation lässt dich Berge versetzen auf dem Weg zum Meer.

Mindset & Werte:
- Dankbarkeit ist eine wichtige Grundlage für ein zufriedenes Leben. Sie verbessert unser Wohlbefinden durch positive Gedanken und unsere Beziehungen zu anderen Menschen.
- Ich bin dankbar für die Unterstützung, die ich von meinen Eltern bekommen habe. Sie haben während meines Studiums auf einiges verzichtet.
- Wir müssen Verantwortung für alle unsere Taten übernehmen.

Gamechanger-Events:
- Diese Ereignisse haben großen Einfluss auf unsere Zukunft. In den meisten Fällen kommen sie ungeplant auf uns zu. Häufig erzeugen sie bei uns ein Gefühl der Un-

sicherheit. Denn mit ihnen verbunden ist die Erkenntnis, dass sich die Zukunft ändern wird. Häufig können wir uns zuerst nicht vorstellen, wie der Einfluss auf unser Leben sein wird. Wird das Positive oder das Negative überwiegen? Muss ich Liebgewonnenes aufgeben? Was kommt auf mich zu?

- Mit Ungewissheit und der dazugehörigen Unsicherheit müssen wir umgehen lernen. Dazu sollten wir uns bewusst machen, dass zu jeder Zeit im Leben Gamechanger-Events eintreten können.
- Mindset: Beim Eintreten eines solchen Events sollten wir uns auf die positiven Aspekte und Chancen fokussieren anstatt auf die Probleme. Gamechanger-Events bieten neue Chancen und Entwicklungsmöglichkeiten.

Humankapital:
- Durch das Studium an einer Universität habe ich gelernt, zu lernen, mich zu organisieren und zu networken.

Leben & Lebensplanung:
- Das Studium und das Leben in Braunschweig waren mich der erste Schritt raus aus meinem gewohnten Umfeld, aus der Komfortzone des Elternhauses. Außerhalb dieser Zone kann es auch mal ungemütlich werden. Es ist die Entwicklungszone, in der viel Neues auf uns zukommt und in der wir lernen und wachsen können.

Die Suche nach dem Sinn des Lebens:
- Mit der Geburt meines ersten Kindes habe ich zum ersten Mal eine Antwort auf die Frage nach dem Sinn des

Lebens erhalten: Es sind die Kinder, die unserem Leben einen Sinn geben. Der Sinn zeigt sich in der Liebe zu ihnen.

---

4. Alabama - Mission Impossible

„Hey du, wie geht es dir?", rief die freundliche Bedienung des Fast-Food-Restaurants in den Raum. Ich stand vor der Menütafel und überlegte, was ich essen wollte. Ihre Begrüßung klang so erfreut und persönlich, dass ich annahm, dass ein sehr guter Freund von ihr das Restaurant betreten hatte. Ich drehte mich um, doch außer mir war niemand da. Hatte sie etwa mich gemeint? Überrascht von der Freundlichkeit und mit einiger Verzögerung antwortete ich schließlich: „Yeah, mir geht's gut, und wie geht's dir?" Sie überhörte meine Frage und setzte ihr Standardprogramm fort: „Wie kann ich dir helfen?" „Tja, ich weiß noch nicht, was ich bestellen soll", antwortete ich wahrheitsgemäß. Sie musterte mich interessiert: „Nimm dir Zeit, keine Eile!" Kurz darauf sprach sie mich erneut an: „Du hast einen interessanten Akzent! Wo kommst du her?" „Deutschland", sagte ich. Sie runzelte die Stirn, überlegte eine Weile und fragte dann: „Deutschland? Ist das in der Nähe von Europa?" Die Frage überraschte mich. Allerdings war ich nach einem sehr anstrengenden Arbeitstag nicht in der Stimmung, den Tag mit einer Geografiestunde abzuschließen. Ich sagte in einem freundlichen Ton: „Ja, da hast du recht. Es liegt ganz in der Nähe von Europa. Ich nehme ein großes Cheeseburger-Menü mit Coke, Pommes und Ketchup." Seit meiner Ankunft hier in Tuscaloosa war ich Stammkunde in den verschiedenen Fast-Food-Ketten und hatte es mir zur persönlichen Challenge gemacht, meine Bestellungen so zu formulieren, dass die Restaurant-Mitarbeiter keine Nachfragen zu stellen brauchten. Die nette Dame fragte mich jedoch: „Standard-Coke oder Coke light?" Betrübt antwortete ich „Standard-Coke" – Challenge verloren!

Nachdem sie mir das Tablett mit der Bestellung ausgehändigt hatte, wählte ich einen Platz in der Nähe des Free-Refill-Tresens. Erfahrungsgemäß würde ich meinen Becher ein zweites Mal füllen. Während ich mein Gericht für den Verzehr vorbereitete, kam ich über das kurze Gespräch ins Grübeln. Es war nicht verwunderlich, dass viele Menschen in den USA die restliche Welt nicht gut kannten und zum Beispiel ein Land wie Deutschland nur grob geografisch zuordnen konnten. Am Morgen desselben Tages hatte ein Kollege im Büro eine Ausgabe der *USA Today* dabeigehabt und sie mir in der Frühstückspause zum Lesen gegeben. Ich hatte die Zeitung nur kurz überflogen. Auf etwa zwölf Seiten wurde in kurzen und leicht verständlichen Artikeln über US-spezifische Themen aus Politik, Wirtschaft, Sport und Gesellschaft berichtet. Offensichtlich war diese Zeitung sehr beliebt in den USA. Auffällig war die Rubrik „International News". Diese Rubrik, die sich mit dem Rest der Welt beschäftigte, war die mit Abstand kleinste Rubrik. Der Name dieser Zeitung – *USA Today* – war also Programm.

Ich dachte darüber nach, dass ich die Kultur und das Bildungsniveau in den USA natürlich nicht ändern konnte. Das lag außerhalb meines Einflussbereichs oder, wie die Amerikaner sagen, außerhalb meines Circle of Influence. Ich sollte mich stattdessen wohl besser um Dinge kümmern, die ich selbst beeinflussen konnte. Zum Beispiel mein Verhalten und die Tatsache, dass ich in den letzten zwei Monaten, also seitdem ich in Alabama war, schon fünf Kilo zugenommen hatte! Die ständigen Besuche in den unterschiedlichen Fast-Food-Restaurants waren nicht nur ungesund, sondern machten auch dick. Meine Ernährung zu verbessern liegt sicherlich in meiner Macht, dachte ich, wenn auch nicht mehr in den verbleibenden Wochen in den USA. Ich hatte einfach keine Zeit, mich um das Thema gesunde Ernährung zu kümmern. Mein absoluter Fokus war es, den Aufenthalt in Alabama erfolgreich abzuschließen, und dafür verbrachte ich täglich zwölf bis 14 Stunden im Büro, sodass ich keine Zeit und auch keine Motivation hatte, mir selbst etwas Gesundes zu kochen oder regelmäßig Sport zu treiben.

Seitdem ich vor zwei Monaten für ein Praktikum im Mercedes-Benz-Werk nach Tuscaloosa im Bundestaat Alabama gezogen war, war ich fast jeden Abend direkt vom Büro in eines der vielen Fast-Food-Restaurants der Stadt gefahren. Wir waren ein gutes Dutzend deutscher Studenten, die im neuen Mercedes-Werk arbeiteten, wobei die anderen Praktikanten oder Diplomanden zu dieser Uhrzeit schon in der Stadt unterwegs waren und ihre Freizeit genossen. So war ich meistens allein beim Abendessen. Das Alleinsein hatte den

Vorteil, dass ich Zeit für einen Reflexions-Slot hatte und den vergangenen Tag in Ruhe analysieren und die To-do-Liste des nächsten Tages erstellen konnte. Auch waren meine Gedanken oft zu Hause bei meiner Familie. Inzwischen war Moni zum zweiten Mal schwanger. Im August, kurz nach dem geplanten Ende meines dreimonatigen Aufenthalts in Alabama, stand die Geburt unseres Sohnes an. Jeden Tag telefonierte ich mit ihr und der kleinen Lina, um zu fragen, wie es den beiden beziehungsweise dreien ging. Gott sei Dank war auch heute alles in Ordnung gewesen, sodass ich mich weiter auf mein Projekt fokussieren konnte.

Wir hatten vor der Abreise in die USA lange überlegt, ob ich das geplante Praktikum antreten oder aber bei der Familie und der schwangeren Moni bleiben sollte. Der große Nachteil eines Aufenthalts in den USA war, dass wir als Familie drei Monate lang getrennt waren. Und das ausgerechnet während der Schwangerschaft, bei der jederzeit etwas passieren konnte! Auf der anderen Seite sprach jedoch auch vieles für den Trip in die USA. Ein Auslandspraktikum war zu der Zeit etwas Außergewöhnliches und ich wollte zur Erreichung meines Ziels, irgendwann als Manager zu arbeiten, unbedingt die englische Sprache vernünftig beherrschen. Das Eintauchen in eine neue Kultur fand ich megaspannend und der Praxisbezug während eines Praktikums in einem Industrieunternehmen war ein positives Add-on für mein doch sehr theoretisches Studium. Im Familienrat diskutierten wir die Pros und Contras und kamen gemeinsam zur Entscheidung, dass ich für die drei Monate nach Alabama gehen sollte. Bei der Entscheidung half uns auch, dass unsere Eltern in Bremen und Braunschweig Hilfe anboten. Zum Beispiel nahmen meine Eltern die kleine Lina für eine Woche auf, sodass Moni mich trotz ihrer Schwangerschaft in den USA besuchen konnte. Außerdem stimmten wir ab, dass ich, wenn zu Hause etwas passieren sollte, sofort nach Deutschland zurückkehren würde. Ich hatte beim Antritt meines Praktikums auch meinen Betreuer avisiert, dass ich, wenn irgendetwas Unvorhergesehenes zu Hause geschehen würde, am nächsten Tag nicht mehr zur Arbeit kommen, sondern im Flieger nach Deutschland sitzen würde. Schön war, dass unser Sohn sich an unsere Zeitplanung gehalten hat und nicht früher zur Welt gekommen ist. So konnte ich die drei Monate in Alabama wie geplant absolvieren und rechtzeitig vor der Geburt zurückkehren.

Während der ersten Wochen in Alabama hatte sich das Setting meines Praktikums komplett geändert. Geplant war ein ruhiger „8-to-5-Job" mit der Möglichkeit, die recht üppige Freizeit nach Feierabend und an den Wochenenden zu nutzen, um die amerikanische Kultur kennenzulernen. Auf meiner Bucketlist standen unter anderem einige vielversprechende Events und Kurztrips wie Ausflüge nach Atlanta, Florida, New Orleans, ein NBA Game und ein American Football Match.

Von der Möglichkeit eines Praktikums in Alabama hatte ich während eines freiwilligen Praktikums in der Presswerksplanung im Mercedes-Werk in Bremen erfahren. Dabei war mir neben dem Erlernen der englischen Sprache wichtig, dass ich in ein Fachgebiet reinschnuppern konnte, das ich aus dem Studium noch nicht kannte. Die Abteilung Logistikplanung im brandneuen Mercedes-Werk in Tuscaloosa passte perfekt zu diesen Plänen. Ich war happy, als ich nach vielen Telefonaten und E-Mails endlich die finale Bestätigung bekam, für drei Monate in die USA gehen zu können. Mit meinem Praktikumsbetreuer im Mercedes-Benz Werk Bremen hatte ich abgesprochen, dass ich nach meiner Rückkehr aus Alabama meine Diplomarbeit in seiner Abteilung anfertigen könnte. Ein perfekter Plan, dachte ich damals. Aber wie so oft im Leben kam es anders als gedacht! Vermutlich aufgrund eines Kommunikationsproblems zwischen meinem Betreuer und der Personalabteilung in Bremen wurde meine Bewerbung für die Diplomarbeit vom dortigen Personalwesen abgelehnt und ich bekam, als ich schon in Alabama war, eine schriftliche Absage.

Aufgeregt erzählte ich Ulf, dem Leiter des Teams Logistikplanung und mein Betreuer in Tuscaloosa, davon. „Tom, wo ist das Problem?", fragte er mich nur. „Dann schreibst du halt die Diplomarbeit bei mir in der Abteilung." Ich schaute ihn mit großen Augen an: „Meinst du das ernst?" „Klar", meinte Ulf, „ich könnte mir zum Beispiel vorstellen, dass du unsere Logistikprozesse mithilfe von Business-Process-Reengineering-Methoden beschreibst und anschließend

Optimierungsvorschläge erarbeitest. Die Arbeit müsstest du allerdings auf Englisch schreiben, und da ich in vier Wochen endgültig nach Deutschland zurückgehen werde, müsstest du sie dann ohne meine Unterstützung hier finalisieren." „Oh Gott!", dachte ich im ersten Moment. So interessant ich die Idee und das vorgeschlagene Thema fand, so unrealistisch schätzte ich die Erfolgsaussichten ein. Das konnte ja gar nicht funktionieren! Genüsslich sezierten meine Selbstzweifel alle nur denkbaren Probleme:

Das erste Problem war die Sprache: Ich sollte eine etwa hundertseitige Diplomarbeit auf Englisch anfertigen!? Aktuell bekam ich doch noch nicht mal einen vernünftigen englischen Satz ohne langes Nachdenken flüssig heraus!

Das zweite Problem: Es sollte um die Logistikprozesse im neuen Werk gehen und ich hatte doch keine Ahnung von Logistik! Das hatte ich in Braunschweig nicht als Studienfach gehabt, und aus diesem Grund hatte ich ja in das für mich neue Fachgebiet lediglich reinschnuppern wollen.

Das dritte Problem: Die meiste Zeit würde ich keinen Betreuer vor Ort haben, der mich bei den vorhersehbar vielen Fragen und offenen Punkte unterstützen könnte. Wie sollte ich an die erforderlichen Infos kommen?

Das vierte Problem: Normalerweise hätte ich für das Anfertigen einer Diplomarbeit sechs Monate Zeit gehabt. Mir verblieben hier in Alabama nun aber nur noch zweieinhalb Monate. Das war unmöglich!

Das fünfte Problem feierten meine Selbstzweifel als König der Probleme: Für die Anfertigung und Bewertung einer Diplomarbeit benötigte ich einen Professor der TU Braunschweig aus dem Fachgebiet Logistik, und an meiner Uni gab es gar keinen Studiengang Logistik und somit auch keinen Professor, der die Arbeit betreuen konnte.

Meine Selbstzweifel fassten die Vielzahl der Probleme triumphierend zusammen: Es handelte sich um eine Mission Impossible! Unmöglich! Basta! Allerdings besaß der Vorschlag von Ulf auch einen nicht abzustreitenden riesigen Vorteil: Wenn ich es schaffen sollte, die Diplomarbeit in der noch verbleibenden Zeit hier in Alabama abzuschließen, dann könnte ich mein Studium um ganze sechs Monate verkürzen und die Regelstudienzeit von zehn Semestern einhalten. Bei einer durchschnittlichen Studiendauer von über 13 Semestern in meinem Studiengang wäre das echt bemerkenswert. Die Rückzahlungssumme meines Studienkredites würde sich reduzieren und ich könnte ein halbes Jahr früher als geplant endlich richtiges Geld verdienen und meine Familie finanziell versorgen. Hm, dachte die Zuversicht in mir. Die große Chance, die in Ulfs Vorschlag lag, war wirklich attraktiv. Aber wie könnte ich es schaffen, die ganzen Klippen zu umschiffen? Es gab nur einen Weg: Ich musste das problemorientierte Mindset hinter mir lassen und mich auf mögliche Lösungen fokussieren. Wie sagt man doch so schön: Ich musste den Elefanten in Scheiben schneiden! Es gab sicherlich für jedes der Probleme eine Lösung. Nach einer kurzen Denkphase hatten sich bereits einige Lösungsansätze herausgebildet.

Lösung des ersten Problems: Die englische Sprache war in der Tat eine Herausforderung, aber die vielen erforderlichen Gespräche mit Kollegen über die Logistikprozesse und das Lesen von Fachliteratur würden mir helfen, die Sprache zu erlernen. Genau deswegen war ich ja nach Alabama gekommen. Außerdem konnte ich meine Diplomarbeit vor der Abgabe von anderen Praktikanten und amerikanischen Kollegen überprüfen lassen. Um niemanden zu überfordern, könnte ich jedem nur ein Kapitel zur Korrektur geben. Das müsste funktionieren!

Lösung des zweiten Problems: Die fehlenden Grundkenntnisse im Bereich Logistik sowie die entsprechende Fachterminologie würde ich durch Gespräche mit meinen erfahrenen Kollegen aufbauen und erlernen können. Außerdem gab es eine große Bibliothek auf dem Campus der University of Alabama in Tuscaloosa. Dort würde ich sicherlich auch viele Fachbücher über Logistik und über die Methoden des Business Process Reengineering finden.

Lösung des dritten Problems: Mein Betreuer würde schon bald kaum oder gar nicht mehr für mich greifbar sein, denn in den verbleibenden Wochen vor seinem Umzug nach Europa standen für ihn Geschäftsreisen nach Deutschland sowie viele organisatorische Themen an. So war ich von Anfang an auf die Kollegen in unserem Team und in den Nachbarabteilungen angewiesen. Diese hatten sich jedoch schon während der ersten Tage im Büro mir gegenüber sehr offen gezeigt und mich großartig bei der Einarbeitung unterstützt. Sie würden mir bestimmt auch bei der Diplomarbeit helfen.

Lösung des vierten Problems: Um die extrem kurze zur Verfügung stehende Zeit zur Anfertigung meiner Diplomarbeit effizienter zu gestalten, gab es eine sehr einfache Lösung. Ich brauchte lediglich vom geplanten 8-to-5-Job auf einen 6-to-10-Job umzuswitchen. Wobei die 10 wohlgemerkt nicht für zehn Uhr morgens stand! Auch die Wochenenden konnte ich nutzen, und trotzdem bliebe das eine oder andere Wochenende für einen Kurztrip, um zumindest ein paar Punkte meiner USA-Bucketlist abzuarbeiten.

Lösung des fünften Problems: Wie konnte ich den selbst ernannten König meiner Probleme angehen und aus Alabama einen Betreuer für meine Diplomarbeit im fernen Deutschland finden? Mir fiel ein, dass ein Göttinger Professor im letzten Semester in Braunschweig einen Gastvortrag über das Thema Logistik gehalten hatte. Diesen Professor kontaktierte ich per E-Mail und schilderte ihm die Situation. Glücklicherweise sagte er sofort zu, nicht zuletzt wegen seiner Verbundenheit mit Alabama, wo er in jungen Jahren die High School besucht hatte. Perfekt! Auch die TU Braunschweig genehmigte diese Betreuerkonstellation, und so konnte es tatsächlich losgehen.

Die genannten Lösungen erschienen mir realistisch und die Zuversicht war bald stärker als meine

Selbstzweifel. Ich wollte diese große Chance nutzen. Voller Vorfreude, aber auch Respekt willigte ich in Ulfs Vorschlag ein. Damit startete meine ganz persönliche Mission Impossible. Wie im gleichnamigen Film stellte auch sie sich glücklicherweise als doch nicht unmöglich heraus: Am Ende der zweieinhalb Monate hatte ich eine in perfektem Englisch geschriebene Diplomarbeit von 130 Seiten im Gepäck. Das war ein hartes Stück Arbeit gewesen, aber eins hatte ich gelernt: Wenn ich mich voll auf ein Thema fokussiere und mich nicht durch andere Dinge ablenken lasse, ist es möglich, große Herausforderungen zu bestehen. Ich hatte während meiner Zeit in Alabama zwar nicht so viel von Land und Leuten gesehen, wie ich es mir vorher erhofft hatte, aber es hatte sich für mich auf jeden Fall gelohnt. Meine Diplomarbeit konnte ich dem Professor in Göttingen gleich nach meiner Rückkehr nach Deutschland persönlich überreichen. Ich war so stolz auf das, was ich in den letzten zweieinhalb Monaten geleistet hatte!

Als Krönung bekam ich für meine Abschlussarbeit auch noch die bestmögliche Note. Damit hatte ich mein Diplom als Wirtschaftsingenieur nach rekordverdächtig kurzer Studiendauer in der Tasche. Ich war sehr stolz auf das Erreichen meines großen Ziels – besonders angesichts der eher holprigen Startphase in Braunschweig und der aufregenden familiären Entwicklungen während des Studiums. Allerdings konnte ich mich auf diesen Lorbeeren nicht lange ausruhen, galt es doch, keine Zeit zu verlieren, sondern als Nächstes einen Job zu suchen. Und das war im Jahr 1997 nicht einfach. Es gab aufgrund der wirtschaftlichen Herausforderungen nach der deutschen Wiedervereinigung und eines geringen Wirtschaftswachstums in Deutschland eine hohe Arbeitslosenquote von ungefähr 11,5 Prozent. Das bedeutete, dass viele Bewerbungen zu schreiben waren. Die nächste Herausforderung stand also schon vor der Tür.

 Reflexion & Erkenntnisse:

Leben & Lebensplanung:
- Ein übermäßiger Fokus auf einen Lebensbereich, wie zum Beispiel auf die berufliche Karriere, mit einem sehr hohen Einsatz und Zeitaufwand hat unvermeidlich Auswirkungen auf andere Lebensbereiche. Dies kann auch zu negativen Folgen zum Beispiel für die Gesundheit führen.

Gesundheit:
- Unbewusste und ungesunde Ernährung auf Fast-Food-Basis führt zu Gewichtszunahme und gesundheitlichen Problemen. Der Konsum von Fast Food ist eine Geringschätzung gegenüber unserem Körper.

Erfolgsfaktoren:
- Große Herausforderungen bedürfen einer Fokussierung.
- Unser Fokus sollte auf Dingen liegen, die sich in unserem Einflussbereich befinden, also im Circle of Influence.

Wenn wir uns ständig mit Dingen beschäftigen, die wir nicht ändern können, besteht die Gefahr, dass wir uns in eine Opferrolle begeben. Und wer will schon Opfer sein!

- Chancen können wir nur erfolgreich nutzen, wenn wir lösungsorientiert vorgehen. Probleme, Gefahren und Herausforderungen sollten wir kennen und analysieren. Um uns der hemmenden Wirkung des Probleme-Wälzens nicht zu lange auszusetzen, sollten wir schnell in die Lösungsphase kommen. Denn wenn wir uns mit Lösungen befassen, hat das eine ungemein motivierende Wirkung!
- Komplexitätsreduzierung: Große Herausforderungen und Probleme können in Teilprobleme aufgeteilt werden, für die dann jeweils schneller eine Lösung gefunden wird.
- Ein gutes Team und eine gute Zusammenarbeit mit den Kollegen/Mitmenschen bilden die Basis für sehr gute Ergebnisse und sorgen für Spaß und Motivation.
- Networking ist wichtig. Über das Netzwerk bekommen wir wichtige Informationen, die wir zu unserem Vorteil nutzen können. In meinem Fall versorgte mich das Netzwerk bei Mercedes mit Informationen über einen Auslandsaufenthalt und ermöglichte mir damit auch meine Abschlussarbeit. Networking ist ein wichtiger Erfolgsfaktor!

Allgemeine Erkenntnisse:
- In einer globalisierten Welt sind Fremdsprachenkenntnisse eine wichtige Grundlage für die internationale Zusammenarbeit.

- Wie sagte einst der große Nelson Mandela: „Es scheint immer unmöglich, bis es vollbracht ist."

5. Rio de Janeiro – Niederlagen feiern

12. Juli 1998

Die Boteco war überfüllt von Menschen, die angespannt auf die Großbildleinwand schauten. War es zu Anfang des Fußballspiels noch ohrenbetäubend laut gewesen, so herrschte nun, in den letzten Spielminuten, eine gespenstische Stille in der Kneipe. Jeder der Gäste trug etwas Gelb-Grünes am Körper; Trikots, Hosen oder Perücken. Viele hatten ihr Gesicht in den Landesfarben Gelb, Grün und Blau geschminkt. Es war der Tag des Endspiels der Fußball-WM in Frankreich. Die Mannschaft der Gastgeber und Brasilien standen sich im großen Finale in Paris gegenüber. Im Stade de France zauberten die besten Fußballspieler der Welt. Auf französischer Seite war der brillante Techniker und Spielgestalter Zinedine Zidane der herausragende Spieler. Bei den Brasilianern lagen die Hoffnungen auf der Geschwindigkeit und dem Torinstinkt Christiano Ronaldos.

Ich war mit ein paar brasilianischen und deutschen Kollegen von meinem Einsatzort in Juiz de Fora die 180 Kilometer nach Rio de Janeiro gefahren, um das Endspiel in dieser faszinierenden Weltstadt anzuschauen.

Allen Anwesenden in der Kneipe, und vermutlich auch allen Menschen in ganz Brasilien, war zu diesem

Zeitpunkt klar, dass die Bemühungen der Seleção gegen die mittlerweile nur noch zehn Franzosen nicht mehr zum Sieg ausreichen würden. Die Gastgeber lagen bereits mit 2 : 0 vorn. Zinédine Zidane hatte die Franzosen durch zwei Kopfballtore in der ersten Halbzeit in Führung gebracht. Weder Ronaldo noch Rivaldo konnte die Franzosen, die seit der 68. Minute aufgrund einer gelb-roten Karte nur noch mit zehn Spielern auf dem Platz standen, gefährden. Die Live-Übertragung zeigte die prächtige Stimmung auf den Rängen des Stade de France. „Allez les Bleus!", hallte es durch das Stadion. Und dann folgte der finale K.-o.-Schlag: Nach einem mustergültigen Pass in den Strafraum traf Emmanuel Petit zum alles entscheidenden 3 : 0.

Das Spiel war aus – und ich war enttäuscht. Eigentlich war es mir egal gewesen, wer die WM gewinnt, aber ich hatte auf die große Party nach einem Sieg der Brasilianer gehofft. Denn eine dieser ausgelassenen brasilianischen Fußball-Partys hatte ich bereits am Tag nach meiner Ankunft in Juiz de Fora erlebt. Brasilien hatte im Elfmeterschießen gegen die Niederlande gewonnen und die anschließende Feier der Fans war ein unvergessliches Erlebnis für mich gewesen: Samba-Musik, ausgelassene Tänze, reichlich Cerveja (Bier) und Caipirinha, und das die ganze Nacht hindurch – das absolute Party-Highlight in meinem bisherigen Leben. Ich hatte die Brasilianer an diesem Abend als freundliche und offene Menschen ohne jegliche Aggressivität kennengelernt: einfach toll! Und nun diese bittere Niederlage. Jetzt würden alle betrübt nach Hause gehen und sich dem Schmerz der Niederlage hingeben, dachte ich. Diese Vermutung entsprach meiner Erfahrung aus drei Jahrzehnten Kulturschulung in Deutschland: Ohne Sieg keine Feier!

Doch ich hatte die Rechnung ohne den brasilianischen Fan gemacht. Nach dem Abpfiff verfolgten wir zunächst auf dem Bildschirm, wie die französischen Spieler freudetrunken auf dem Spielfeld tanzten. Die Spieler der Seleção saßen oder lagen auf dem Rasen und weinten zum Teil hemmungslos. Auch bei einigen Fans um mich herum flossen die Tränen. Doch dann passierte etwas für mich Unerwartetes. Der DJ legte das zu dieser Zeit in Brasilien überaus populäre Lied „Liberar Geral" von Terra Samba auf und plötzlich tanzte die ganze Kneipe. Meine anfängliche Enttäuschung über die Niederlage der Brasilianer war unbegründet, denn die anschließende Party war mindestens so ausgelassen wie die nach dem Sieg im Halbfinale. Ich fragte meine brasilianischen Kollegen, mit denen ich das Spiel in der Kneipe angeschaut hatte, warum sie trotz der Niederlage so ausgelassen feierten. Die Antwort war ebenso einfach wie einleuchtend: „Warum wir feiern? Weil wir gerade hier sind!"

Am nächsten Tag wachte ich mit leichten Kopfschmerzen auf. Aber das war okay, da ich etwas Wichtiges gelernt hatte: Menschen können auch freudig und ausgelassen sein, wenn das Leben eine Niederlage für sie bereithält. Nach dem Frühstück fuhr ich mit meinen Kollegen zurück nach Juiz de Fora, wo ich für knapp drei Monate lebte und arbeitete.

Eben noch in Tuscaloosa und nun in Juiz de Fora!? Vielleicht sollte ich kurz erklären, was in der Zwischenzeit geschehen war. Kurz nach der Rückkehr aus Alabama war unser Sohn Matteo in einem Braunschweiger Krankenhaus zur Welt gekommen. Natürlich war ich bei der Geburt dabei und durfte dieses besondere Erlebnis teilen. „Kinder sind der Sonnenschein im Leben", heißt es in einem arabischen Sprichwort sehr zutreffend.

Und beruflich? Nach dem erfolgreichen Abschluss meines Studiums begann für mich die Bewerbungsphase. Ich schrieb ganze 43 Bewerbungen, führte zehn Bewerbungsgespräche und nahm an drei Assessment-Centern teil. Die Ausbeute war überschaubar, aber immerhin konnte ich zwischen zwei Angeboten auswählen. Ein Job-Angebot für eine Trainee-Stelle kam von einem Fahrstuhlhersteller in Berlin. Das zweite Jobangebot bekam ich von einem Logistikdienstleister im ostfriesischen Emden. Diese Stelle war eine unbefristete Festanstellung in der Planungsabteilung des Dienstleisters.

Der Familienrat beschloss, nicht nach Berlin zu gehen, sondern ins beschauliche Ostfriesland. Ich wollte mit mittlerweile 29 Jahren auch beruflich Verantwortung übernehmen, und das konnte ich dort wesentlich besser, weil bei diesem Job von Anfang an die selbstverantwortliche Projektarbeit im Fokus stand. Bei dem zweijährigen Trainee-Programm der Berliner Firma lag der Fokus hingegen darauf, sich innerhalb der Firma zu orientieren und Networking

zu betreiben. Erst danach war eine selbstverantwortliche Tätigkeit geplant. So lange wollte ich aber nicht
warten. Es sollte jetzt bereits richtig losgehen.

Auch wenn ich den Traum, nach dem Studium bei
Mercedes einzusteigen, nicht realisieren konnte, war
ich mit dem Job bei dem ostfriesischen Logistikdienstleister sehr zufrieden. So fing ich im Januar 1998 in
Emden an. Meine Hauptaufgabe als Planungsingeni-
eur bestand darin, Angebote für die Ausschreibung
logistischer Dienstleistungen zu erstellen und die Im-
plementierung von neuen Dienstleistungen als Projektleiter zu verantworten. Unsere kleine Abteilung
von drei Planern fokussierte sich voll auf die Auto-
mobilindustrie. Es standen viele Geschäftsreisen an.
Es ging für mich nach Hannover, Frankfurt und auch
nach Hambach in Frankreich. Im Juli stand dann ein
erstes Highlight an. Meine Firma plante ein Projekt
in Brasilien und ich sollte für zweieinhalb Monate
dort hingehen, um ein Projekt für einen deutschen
Automobilhersteller zu leiten. Das bedeutete, dass
ich erneut eine gewisse Zeit von meiner Familie getrennt war. Aber auch diesmal sollte mich Moni für
eine Woche in Brasilien besuchen kommen. Die Kinder blieben während dieser Woche bei meinen Eltern.
Auf dieser Grundlage konnte ich dem Projekteinsatz
guten Gewissens zustimmen.

Auch in Brasilien bestätigte sich meine Erfahrung:
Jeder längere Auslandseinsatz ist eine Bereicherung
für die persönliche und berufliche Entwicklung. Der
Brasilien-Trip ermöglichte mir wichtige Lebens- und

Berufserfahrungen. Hierzu gehörten die ersten Leitungserfahrungen, die ich in dem kleinen internationalen Projektteam sammeln konnte. Ich lernte nicht nur die eingangs erwähnten kulturellen Unterschiede im (Party-)Leben kennen, sondern auch eine ganz andere Einstellung im Berufsleben. Auffällig war die verbreitete Haltung, dass nicht alles perfekt vorgeplant werden musste. Nach dem Motto: Es kommt sowieso anders, als wir denken! Und genau so ist es. Ein guter Planer ist nicht derjenige, der einen perfekten Plan hat, sondern derjenige, der flexibel auf Ungeplantes reagiert. Diese Arbeitskultur lernte ich erstmals in Brasilien kennen und sie hat mich in meinem weiteren Leben geprägt.

Reflexion & Erkenntnisse:

Kultur:
- Beim Eintauchen in neue Kulturen lernen wir, dass es auch anders geht, als wir es aus unserer Kultur gewohnt sind. Jobs und Projekte im Ausland bieten eine Vielzahl neuer Erfahrungen und Erkenntnisse.

Mindset & Werte:
- Wichtiger als der perfekte Plan ist das flexible Agieren, wenn es anders kommt, als wir denken.
- Eine Niederlage ist keine Tragödie, sondern die Chance, zu lernen. Und für Brasilianer nebenbei auch kein Grund, nicht zu feiern.

- Als Kind war mein Seefahrer-Onkel mein Vorbild. Der früh empfundene Wunsch, wie er ein weltoffener Mensch zu werden, spiegelt sich in meinen Entscheidungen für wiederholte Kurzeinsätze im Ausland und prägt mich bis heute.

Die Frage nach dem Sinn des Lebens:
- Für viele Menschen lautet der Sinn des Lebens ganz einfach Spaß haben! Das mag trivial und eindimensional klingen, aber wenn das Leben eine Niederlage bereithält, kann eine solche positive Grundeinstellung helfen, diese (schneller) zu überwinden.

---

6. Stuttgart –
wenn Träume wahr werden

Januar 2002

An diesem Wintertag im Januar 2002 klingelte mein Wecker schon um fünf Uhr morgens. Nach einer etwas unrunden Nacht war ich sofort hellwach. Endlich war es so weit: der Tag des Assessment-Centers war gekommen! Die Aufregung vor diesem entscheidenden Tag hatte meinen Schlaf ein paar Mal unterbrochen. Ein Assessment-Center ist für die Teilnehmenden prall gefüllt mit Aufgaben wie Selbstvorstellung, Erarbeiten von strategischen Inhalten und Präsentieren der Ergebnisse, Gruppendiskussionen, Einzelgespräche mit schwierigen Mitarbeitern und vielem mehr. Bei einem erfolgreichen Bestehen des heutigen Assessment-Centers würde ich in meinem Unternehmen – Mercedes Sindelfingen – künftig einen Manager-Titel tragen und hätte damit auch offiziell mein großes Ziel, eine Führungskraft zu sein, erreicht.

In vielen Industrieunternehmen besteht die Herausforderung eines Assessment-Centers darin, dass die Aufgaben in einem Haifischbecken von Mitbewerbern für Führungspositionen zu bewältigen sind. Wir Kandidaten standen unter der ständigen Beobachtung von Personalern und erfahrenen Managern aus den Fachbereichen und wussten, dass 30 bis 50 Prozent von uns das Assessment-Center nicht bestehen würden. Ich konnte den Druck, der auf den Bewerbern lag, regelrecht auf meinen Schultern spüren. Statt einer kollegialen Zusammenarbeit und einer lockeren Atmosphäre erzeugen Unternehmen bei solchen Assessment-Centern häufig eine Situation, in der die Kandidaten die Ärmel hochkrempeln und sich in den Vordergrund spielen wollen. Was heißt wollen; sie müssen es sogar! Denn wenn ein Kandidat während des Tages nicht auffällt, sondern seine Ziele eher unterschwellig und auf leisen Sohlen erreicht, ist das Ergebnis vorhersehbar. Entweder schaffen es introvertierte Personen, während des Tages in eine andere Rolle zu schlüpfen, oder sie fallen durch!

Ich fragte mich damals, ob es für ein Unternehmen eigentlich vorteilhaft war, sich genau auf einen Typ von Managern zu konzentrieren. Die amerikanische Soziologin Rosbeth Moss Kanter nennt das Phänomen homosoziale Reproduktion. Dahinter steht ein Mechanismus, der beschreibt, dass insbesondere Männer unbewusst dazu tendieren, ihnen ähnliche Personen in ihren Unternehmen einzustellen und zu fördern. Etwas flapsig ausgedrückt basiert dieses Verhalten auf der Einstellung: Ich bin so cool, da brauchen wir noch mehr von! Aber was ist für ein Unternehmen vorteilhafter: stereotype Manager oder verhaltensdiverse Führungskräfte mit unterschiedlichen Perspektiven? Für mich war die Antwort klar, der zweite Weg war der erfolgreichere, um ein Unternehmen in die Zukunft zu führen. Allerdings lagen die HR-Methoden meines neuen Arbeitgebers nicht in meinem Circle of Influence, sodass ich mich vorerst mit dem System zu arrangieren hatte. Ich musste dem gewünschten Managertyp möglichst nahekommen. Aber kein Problem: Wenn das Unternehmen Industrieschauspieler wollte, bekam es diese auch.

Natürlich war ich gut vorbereitet. Durch Gespräche mit Kollegen, die das Verfahren in der jüngeren Vergangenheit erfolgreich oder auch nicht erfolgreich absolviert hatten, kannte ich den Ablauf des Assessment-Centers genau. Bücher über das erfolgreiche Vorbereiten und Bestehen von Assessment-Centern hatte ich ebenfalls gelesen. So wusste ich, dass ich an dem Tag eine andere Person spielen musste. Ich würde nicht als der eher introvertierte Tom auftreten, der ich war, sondern versuchen, den eloquenten zukünftigen Manager zu spielen, der alles unter Kontrolle hat und in den Gesprächen selbstbewusst klare Statements raushaut. Natürlich waren diese geplanten Statements Aussagen, die zur unternehmenspolitischen Ausrichtung meines Arbeitgebers passten: stereotyp und angepasst. Traurig, aber wahr.

Ich ging jede der Aufgaben so an, wie ich sie vorbereitet hatte. Offensichtlich waren auch die anderen fünf Kandidaten gut vorbereitet, was es wiederum erschwerte, meinen Plan durchzuziehen. Ich musste zum Teil improvisieren und in den Gruppenaufgaben andere Rollen einnehmen, als ich geplant hatte.

Am Ende des Tages war ich komplett erschöpft. Zehn stressvolle Stunden bei höchster Konzentration forderten ihren Tribut. Müde fuhr ich nach Hause. Die vielen unterschiedlichen Aufgaben waren teilweise richtig gut gelaufen, aber bei der Gruppendiskussion war ich mir nicht sicher, wie ich von den Beobachtern eingeschätzt wurde. Ich hegte Zweifel, ob es gereicht hatte. Am nächsten Morgen sollte uns das Ergebnis der Bewertungskonferenz mitgeteilt werden. Ich war gespannt und eine weitere unruhige Nacht stand mir bevor.

Am nächsten Morgen klingelte das Telefon. Manfred, mein direkter Chef, war am Apparat: „Gute Nachrichten, Tom, du hast es geschafft und das Assessment-Center bestanden! Herzlichen Glückwunsch, du hast ein gutes Feedback von den Beobachtern bekommen." Wow, dachte ich. Es ist geschafft! Ich habe mein langersehntes Ziel, ein Manager zu sein, nun auch offiziell erreicht. Auch wenn ich in diesem Augenblick nicht an den sonnigen Tag auf der blumigen Wiese in Bremervörde und an meinen alten Kollegen Karl-Heinz aus der Ausbildung gedacht habe, schloss sich damit doch ein Kreis. Mein damals gehegter Traum, eine Führungskraft zu sein, hatte sich gut elf Jahre später erfüllt.

Lasst mich kurz erzählen, was zwischen der Zeit in Rio und dem Tag des Assessment-Centers bei Mercedes in Sindelfingen alles passiert war. Erst einmal das Wichtigste: Im Februar 1999 kam unserer zweiter Sohn Dominic in Emden zur Welt. Ein echter kleiner, süßer Ostfriese. Die Familienplanung war damit für uns abgeschlossen. Kurz nach Dominics Geburt ging es für uns fünf von Ostfriesland Richtung Süden ins Schwabenländle. Ich hatte ein Jobangebot als Logistikplaner bei Audi in Neckarsulm angenommen.

Wir fühlten uns als Familie in unserer neuen schwäbischen Heimat sofort wohl. Die wunderschönen Weinberge und das im Vergleich zu Norddeutschland deutlich bessere Wetter genossen wir sehr. Es gab anfänglich zwar mit dem einen oder anderen Kollegen aufgrund des schwäbischen Dialekts Verständnisprobleme. Aber wenige Monate nach dem Umzug beherrschten wir die neue „Fremdsprache" zumindest so gut, dass wir so ziemlich alles verstanden. Auch zu den Nachbarn hatten wir sofort einen guten Kontakt. Insbesondere eine Familie war uns nahe. Moni traf sich ab und zu mit unserer Nachbarin Mila. Ihre zwei Söhne waren im selben Alter wie unsere Jungs. Die beiden Großen wurden beste Freunde und machten von da an alles zusammen. Sie waren in derselben Kindergartengruppe, gingen zusammen zum Fußball und spielten täglich auf dem Spielplatz. Mila, ihr Ehemann und ich hatten das gleiche Hobby. Wir joggten regelmäßig zusammen. Wir konnten uns als sogenannte „Reingeschmeckte" also gut im Schwabenländle integrieren. Ich möchte an dieser Stelle nicht zu viel verraten, aber die Beziehung zu unseren damaligen Nachbarn sollte viele Jahre später noch eine ganz wichtige Rolle in meinem Leben spielen.

Zurück zum Job: Auch bei Audi blieb ich nicht lange. Mein guter Freund Olaf, den ich aus Brasilien kannte und der mittlerweile bei Mercedes in Sindelfingen arbeitete, erzählte mir von einer offenen Stelle in der dortigen Logistikplanung. Die Firma mit dem Stern hatte schon zu meiner Schulzeit eine große Anziehungskraft auf mich ausgeübt. Jahrelang fuhr ich täglich auf meinem Schulweg mit dem Fahrrad am Bremer Mercedes-Werk vorbei. Oft schaute ich durch den Werkszaun und sagte mir: Da will ich irgendwann mal arbeiten. Mitte 2000 war es dann so weit und ich verlegte nach lediglich eineinhalb Jahren bei Audi nach einem erfolgreichen Bewerbungsprozess mein Büro von Neckarsulm nach Sindelfingen. Der Firma mit dem Stern sollte ich die nächsten 14 Jahre treu bleiben.

Schon ein Jahr nach dem Start bei Mercedes wurde mir von der Firma eine Managementstelle in Sindelfingen angeboten. Ohne großes Nachdenken übernahm ich die neue Stelle, auf der ich erstmals Führungsverantwortung für ein kleines Team übernehmen konnte. Mein Team bestand aus drei Planern, die interkontinentale Logistikketten beplanten und implementierten. Es lief gut auf der Stelle und ich wurde zum Assessment-Center angemeldet. Das erfolgreiche Durchlaufen des Assessments-Centers war das fehlende Puzzlestück, um die Schulterklappen des Managers und den dazugehörigen Dienstwagen zu bekommen.

Mit dem Wechsel von Audi zu Mercedes hatte ich ursprünglich den Plan verfolgt, zu einem späteren Zeitpunkt die Möglichkeit zu haben, mit der Familie in meine Heimatstadt Bremen zurückzukehren. Das Leben in der Nähe der Großeltern, der restlichen

Familie und der Freunde hätte große Vorteile gehabt. Einen Pool von potenziellen Babysittern inbegriffen. Aber manchmal kommt es im Leben eben anders, als man denkt!

Reflexion & Erkenntnisse:

Leben & Lebensplanung:
- Elf Jahre bis zur Führungskraft: Für manche Ziele braucht man einen langen Atem und viel Geduld.
- Arbeitgeberwechsel: Manchmal müssen wir Umwege gehen, um an das angestrebte Ziel zu kommen.
- Beispiel Assessment-Center: Eine gute Vorbereitung und Fokussierung fördern die Zielerreichung.

Führungsverhalten & Leadership:
- Managementstereotype statt Diversity!? Wenn Stereotype ausgewählt werden, ist das nachteilig für die Unternehmenskultur und kann aufgrund der fehlenden Vielfalt in der Führungsmannschaft negative Folgen für die Flexibilität, Offenheit und Innovationsfähigkeit eines Unternehmens haben.
- Mir war zu diesem Zeitpunkt noch nicht bewusst, dass das Ziel nicht darin bestand, Führungskraft zu werden. Ich wollte mit meinen Teams große Ziele angehen. Und dafür musste ich die nächste Stufe erreichen: Leadership. Leader haben die Fähigkeit, ein Team zu inspirieren. Leader fördern eine positive Zusammenarbeitskultur durch das Vermitteln von Visionen, durch

eine offene Kommunikation, Motivation und fundierte Entscheidungen, und sie richten ihr Handeln nach ethischen Werten aus. Leadership umfasst auch Empathie, Problemlösungskompetenz, Delegation und Anpassungsfähigkeit. Leader erreichen mit ihren Teams Großes. Um Leadership-Fähigkeiten entwickeln zu können, fehlten mir zu diesem Zeitpunkt noch die entsprechenden Kenntnisse und Erfahrungen.

Allgemeine Erkenntnisse:
- Wir sollten möglichst nett und freundlich zu unseren Nachbarn sein. Wir wissen nie, was noch kommen wird. ;-)

Die Suche nach dem Sinn des Lebens:
- Wenn wir beim Realisieren unseres ganz individuellen Lebenssinns auch beruflich Erfolg haben, ist das ein nettes Beiwerk, aber der singuläre berufliche Erfolg ist kein Sinn des Lebens.

7.   Neuenstadt – die Horrornacht

Februar 2002

Es war an einem Donnerstag. Ich kam nach einer Geschäftsreise aus London zurück und stand abends vor unserem Haus in Neuenstadt. Die Straßenlaterne erhellte den Fußweg, aber unser Haus war komplett dunkel. Ich war überrascht. Dass die Kinder schon schliefen, war normal, denn es war bereits 21:00 Uhr. Aber wo waren Moni und Susanna, unser Au-pair aus Rumänien? Ich schloss die Haustür auf und trat in den Flur. Ein anstrengender Tag lag hinter mir und ich war müde. Ganz oben im Haus ging das Licht an und ich hörte, wie jemand die Treppe herunterkam. Es war Susanna. Sie lächelte mich an und sagte leise: „Guten Abend, Tom, die Kinder schlafen und Moni ist tanzen gegangen." Stimmt, dachte ich, es ist ja Donnerstag. An diesem Wochentag gingen Moni und unsere Nachbarin Mila gerne tanzen. „Danke, Susanna", sagte ich, „bleibst du heute Abend zu Hause?" „Ja, ich habe nichts mehr vor." Ich überlegte kurz. In letzter Zeit hatte ich häufiger den Gedanken gehabt, dass Moni und ich nur noch sehr wenig miteinander unternahmen. Ich könnte sie überraschen und auch in den Club gehen. Gute Idee, dachte ich, verabschiedete mich von unserem Au-pair und machte mich auf den Weg.

Kurze Zeit später kam ich im Ivory Club in Heilbronn an. Ich hatte mich richtig darauf gefreut, Moni zu überraschen und mit ihr zu feiern. Ich war schon eine halbe Ewigkeit nicht mehr in einer Disco gewesen, aber heute würde es bestimmt lustig werden. Wir würden zwar nicht lang bleiben können, denn ich musste ja morgen wieder arbeiten. Aber ein Drink und ein paar Tänze waren auf jeden Fall drin. Als ich in den Club kam, spielte der DJ dröhnende Latino-Musik. Der Club war ziemlich leer. Auf der Tanzfläche waren vier Frauen zu sehen; ein paar Männer schauten ihnen vom Rand aus zu. Von Moni und Mila weit und breit keine Spur. Ich ging einmal durch den Club und sah an allen Tresen nach, aber die beiden waren nicht da. Ob sie in einen anderen Club gegangen waren? Erreichen konnte ich sie nicht, da Moni kein Handy dabeihatte. Etwas enttäuscht fuhr ich nach Hause. Ich hatte mich so gefreut, sie zu überraschen.

Als ich zu Hause ankam, war Moni noch nicht zurück. Langsam machte ich mir Sorgen. Ob etwas passiert war? Ich legte mich ins Bett, konnte aber nicht einschlafen. Zwei Stunden später hörte ich dann, wie jemand die Haustür aufschloss. Da ist sie endlich, dachte ich erleichtert. Als sie ins Schlafzimmer kam, sagte ich leise: „Hallo, ich bin noch wach, wie geht es dir?" „Gut", antwortete sie leise. „Wo warst du denn?", fragte ich weiter. Ich flüsterte, da ich auf keinen Fall die Kinder oder Susanna wecken wollte. „Ich war mit Mila im Ivory Club tanzen." In diesem Moment traf es mich wie ein Blitz. Hier stimmte etwas nicht! Ich antwortete: „Moni, das kann nicht sein, ich war auch im Club und wollte dich überraschen, aber du warst nicht da!" Sie wirkte etwas verlegen, blieb aber dabei: „Doch, ich war da. Du kannst nicht da gewesen sein." Mir schnürte es die Kehle zu. Hier lief gerade ein ganz schlechter Film ab. „Moni, ich habe überall nach dir gesucht und dich nicht gefunden. Du warst nicht dort!" Sie schwieg eine Weile und antwortete dann sehr unsicher: „Doch, ich war da." Ich wollte mitten in der Nacht keine laute Diskussion beginnen und verschob die Aussprache: „Wir müssen morgen früh darüber sprechen!"

Komplett verunsichert kam mir nun zum ersten Mal der Gedanke, dass sie einen Lover haben könnte. Aber was würde dann passieren? Ich liebte sie doch! Könnte ich einen einmaligen Ausrutscher tolerieren? Was, wenn da mehr war? Was würde mit unseren Kindern passieren? Sie waren doch noch so klein! Was sollte ich bloß machen? Ich konnte die ganze Nacht kein Auge zumachen und lag mit rasendem Herzschlag aufgewühlt im Bett. Wahrscheinlich ging es Moni genauso, aber wir redeten in dieser Nacht kein einziges Wort mehr miteinander.

Am nächsten Morgen ging Lina nach dem Frühstück zur Schule und Susanna brachte die beiden Jungs in den Kindergarten. Ich hatte meine Kollegen schon informiert, dass ich später ins Büro kommen würde. Nun waren Moni und ich allein und saßen im Wohnzimmer am Esstisch. Ich begann das Gespräch: „Moni, du musst mir sagen, was du gestern Abend gemacht hast! Und bitte keine Lügen!" Moni hatte sich in den letzten Stunden offensichtlich auch überlegt, was sie mir sagen wollte, und formulierte die folgenden Sätze mit einer Klarheit, die mich aus der Fassung brachte: „Tom, du hast recht, ich war nicht tanzen. Ich habe einen Freund und war mit ihm unterwegs." „Wie, du hast einen Freund? Seit wann triffst du dich mit ihm?" „Seit einigen Monaten." Seit einigen Monaten?!, dachte ich, das kann doch nicht sein! Ich hatte ganz und gar nichts davon mitbekommen. Konnte es denn sein, dass ich so blind war? Dann war sie also nicht jeden Donnerstag mit Mila tanzen gegangen, sondern hatte sich mit ihrem Freund getroffen?! Okay, ich arbeitete viel und seit eineinhalb Jahren kam noch die tägliche Hin- und Rückfahrt von Neuenstadt nach Sindelfingen von jeweils einer Stunde dazu. Aber wir hatten doch gemeinsam abgesprochen, dass ich diesen Aufwand für eine gewisse Zeit auf mich nehmen würde, um dann die Chance zu bekommen, dass wir gemeinsam als Familie wieder nach Norddeutschland gehen und in meiner Heimatstadt Bremen ein nettes Familiendomizil aufbauen könnten.

Monis nächster Satz verpasste mir den finalen K.-o.-Schlag, inklusive Messerstich mitten ins Herz: „Ich liebe meinen Freund und werde die Beziehung mit ihm nicht beenden." Völlig unvorbereitet landete dieser Tiefschlag in meiner Seele. „Du kannst gerne hier wohnen bleiben, aber ich werde ihn wiedersehen." Der Boden unter meinen Füßen öffnete sich und ich versank in einer lodernden Glut, während meine Gedanken durcheinanderwirbelten: Das kann ich nicht, ich liebe diese Frau und kann doch nicht zu Hause bei der Familie warten, während sie sich mit ihrem

Freund amüsiert. Nein, das kann und will ich nicht! Doch Monis Aussage war klar und ich war mir ziemlich sicher, dass sie ihre Meinung nicht ändern würde. „Was passiert mit unserer Familie, mit unseren geliebten Kindern? Willst du das alles wirklich aufgeben?", fragte ich leise. Sie drehte sich um und ließ mich allein am Tisch sitzen, ging die Treppe herunter und verließ das Haus. Ich hörte, wie ihr Wagen wegfuhr. Der nächste Stich ins Herz. Wahrscheinlich fuhr sie zu ihrem Freund.

Ohne festen Boden unter den Füßen drehte ich mich ziel- und schwerelos im Abwärtsstrudel. Die Luft um mich herum brannte. Wie konnte sie mir das antun und mich hier und jetzt allein lassen? Keine Chance, miteinander zu reden, keine Chance, sie zu verstehen. In den nächsten drei Tagen schlief und aß ich nicht. Die größtmögliche Katastrophe war passiert. Den Kindern hatten wir davon noch nichts erzählt; in mir war jedoch der Beschluss gereift, dass ich ausziehen würde. Ich fragte einen Freund, ob ich eine Zeit lang bei ihm übernachten könnte. Der Zufall wollte es, dass er am Wochenende für vier Wochen in den Urlaub fuhr, sodass ich seine Wohnung nutzen konnte.

Mir war wichtig, mit den Kindern über die Trennung zu reden, was Moni jedoch zuerst ablehnte. Sie war wohl auch überrascht, dass ich so schnell reagiert und eine Unterkunft gefunden hatte. Aber ich wollte keine weitere Nacht allein im Ehebett verbringen mit dem Wissen, dass meine Frau bei einem anderen Mann war.

Ich werde nie die Tränen meiner damals sechs-jährigen Tochter vergessen, als ich ihr sagte, dass ich ausziehen werde. Diese Tränen brannten sich in mein Gedächtnis ein und ich kann es seitdem nur schwer ertragen, wenn Menschen in meinem Umfeld weinen.

Das Leben hält für jeden von uns Höhe- und Tief-punkte bereit. Es wird immer Situationen geben, die wir im Augenblick des Geschehens einfach nicht verstehen können. Solche positiven oder negativen Gamechanger-Events können auch in kurzer Zeit hin-tereinander stattfinden. Auch für mich gab es in die-ser Lebensphase zwei Gamechanger-Events innerhalb weniger Wochen. Erst die Erfüllung des großen Ziels, Manager zu werden, und kurz danach die absolute Horrornacht, die zum Zerfall meiner Familie führte und den Beginn einer längeren Lebenskrise darstellte.

Eins ist mir wichtig zu unterstreichen. Auch wenn ich mich als der gehörnte Ehemann fühlte, lag die Schuld an der Trennung zur Hälfte bei mir. Es ist nie nur eine Person in der Partnerschaft schuld an einer Trennung. Moni und ich hatten in den letzten Jahren schlicht und ergreifend nebeneinanderher ge-lebt. Meine vielen auswärtigen Projekteinsätze, die vielen Arbeitsstunden und der Fokus auf meinen Job trugen sicherlich zu unserem Auseinanderdriften bei. Dem, was eine Beziehung zusammenhält, hat-ten wir zuletzt viel zu wenig Beachtung geschenkt. Dieser Beziehungskitt besteht aus der Kommunika-tion über Gefühle, Wünsche und Probleme sowie aus gemeinsamen Interessen und miteinander erlebten

Abenteuern. Aber wir hatten nichts mehr zusammen unternommen und fast gar nicht mehr über Probleme und Emotionen gesprochen. Die Beziehung war offensichtlich schon vor dem Gamechanger-Event am Ende, ohne dass es mir bewusst gewesen war.

Worauf Moni und ich aus meiner Sicht stolz sein können, ist die Art und Weise, wie wir die folgende Trennung und den Scheidungsprozess vollzogen. Auch wenn viele Emotionen im Spiel waren, haben wir es immer geschafft, uns nicht vor den Kindern zu streiten oder uns gegenseitig zu beleidigen. Das Wohl unserer Kinder stand für beide immer im Fokus. Trotz unterschiedlicher Wohnorte wollten wir weiter zeigen, dass wir für unsere Kinder da waren. Jeder von uns in einer anderen Rolle. Moni trug nach der Trennung eine große Verantwortung, denn sie übernahm den Hauptteil der Erziehung. Ich bin dankbar für den tollen Job, den sie dabei gemacht hat.

 Reflexion & Erkenntnisse:

Liebe & Beziehungen:
- Nutze den Beziehungskitt aus Vertrauen, gemeinsamen Werten, offener Kommunikation, Kompromissbereitschaft, gleichen Interessen, gemeinsamer Zeit und Zuneigung. Dieser Kitt ermöglicht auch Freiräume für die individuelle Entfaltung. Das ist das Fundament einer dauerhaften Partnerschaft. Liebe bedeutet für beide Partner aktive Arbeit.

- Trennung: Es tragen immer beide Partner eine Teil-schuld.
- Wir sollten in allen Situationen das sagen, was uns wichtig ist, auch wenn es Kritik ist. Es sollte aber immer überlegt und ruhig geschehen. (Das gilt auch für den Job!)

Gamechanger-Events:
- Sie können sehr schmerzhaft sein, das Leben geht danach aber weiter. Auch wenn es zu Veränderungen kommt: Mit einer positiven Grundeinstellung finden wir auch positive Aspekte des Gamechanger-Events.

---

8.   Südafrika – die Flucht

September 2007

Ich bückte mich leicht, als ich durch die niedrige Tür des Fliegers trat. Am oberen Ende der Flugzeugtreppe, die bereitgestellt worden war, um die Fluggäste aussteigen zu lassen, blieb ich kurz stehen und atmete tief durch. Der Himmel war wolkenlos und die Sonne schien mir ins Gesicht. Bei gut 20 Grad Celsius wehte ein leichter Wind vom nahe gelegenen Indischen Ozean herüber. Erleichterung, Freiheit, Ungewissheit, Neugier, Abenteuerlust und Respekt mischten sich zu einem bisher noch nicht gekannten Gefühlscocktail. Die Ankunft in Südafrika war Teil meiner Flucht vor den Problemen in Deutschland, und sie markierte einen neuen Lebensabschnitt. Vor mir lag ein 18-monatiger Aufenthalt in einem fremden Land, auf einem fremden Kontinent. Die berufliche Herausforderung war nicht zu unterschätzen, denn mich erwartete der Anlauf eines neuen Fahrzeugmodells im Mercedes-Werk in East London, den ich mit meinem neuen Team zu meistern hatte.

Ich ging mit den anderen Fluggästen die Treppe hinunter und folgte den Strom der Menschen in Richtung des kleinen Flughafengebäudes. Es war einer dieser typischen Wintertage an der südafrikanischen Küste. Der Winter dauert hier von Mai bis Oktober und ist nicht mit der dunklen und deprimierenden Jahreszeit in Deutschland zu vergleichen. Mehr als 300

Sonnentage im Jahr sprechen für sich. Hier in Südafrika lässt es sich zumindest wettertechnisch gut aushalten, dachte ich.

Nach der Übernahme meiner Koffer steuerte ich auf den Ausgang des kleinen Terminalgebäudes zu. Hier warteten viele Menschen auf die Ankommenden. Darunter auch eine Handvoll Männer mit Namensschildern, die offensichtlich den Auftrag hatten, jemanden abzuholen, den sie noch nicht persönlich kannten. Ich hielt Ausschau nach meinem Namen und entdeckte einen Mann im Mercedes-Poloshirt. Neben dem Logo war auch sein Vorname auf das Shirt gedruckt. „Hallo Simpiwe", sagte ich, „ich bin Tom, du wartest offensichtlich auf mich." Ich deutete auf das Schild in seiner Hand. „Ah, Tom, schön dich zu treffen und willkommen im sonnigen Südafrika!" Wie sich herausstellte, war Simpiwe ein Kollege aus der Personalabteilung und dafür zuständig, die deutschen Expats insbesondere während der ersten Tage nach deren Ankunft zu begleiten und bei allen organisatorischen Aufgaben zu unterstützen. Simpiwe war ein offener, freundlicher und charmanter Mann Ende 30. Nach kurzem Small Talk brachte er mich zum nahe gelegenen Mercedes-Werk, um in den Büros der Personalabteilung die anstehenden administrativen Onboarding-Aktivitäten zu erledigen.

Ausgestattet mit dem Firmen-Batch und meinem eigenen personalisierten Poloshirt, ging es zu meinem neuen Chef, dem Logistikleiter. Ich traf Arnold nun zum ersten Mal persönlich. Bisher hatten wir nur telefoniert. Auch mein neues Team lernte ich gleich am ersten Tag kennen. Es waren 16 Kolleginnen und Kollegen, darunter elf Teammitglieder aus Südafrika und fünf Kollegen, die ebenfalls per Expat-Vertrag aus Deutschland hergekommen waren. Ein großartiges Team, dachte ich und schaute etwas beruhigter auf die anstehende Aufgabe, den Anlauf des neuen Fahrzeugmodells für die Logistik zu verantworten. Am Ende des ersten Tages in East London setzte mich Simpiwe in meinem B&B ab, in dem ich die ersten Wochen verbringen würde, bis ich mein eigenes Haus gefunden hätte. Erschöpft von den vielen neuen Eindrücken meines ersten Tages in Südafrika schlief ich bald ein.

Am nächsten Morgen holte mich Simpiwe nach dem Frühstück bei meiner Unterkunft ab. Der erste richtige Arbeitstag stand an. Ich hatte Meetings angesetzt, um meine neuen Teammitglieder persönlich kennenzulernen und ihre Aufgaben und den Status der Vorbereitung auf den anstehenden Anlauf zu verstehen. Viele Informationen waren zu verarbeiten und einzuordnen. Am Nachmittag holte mich Simpiwe in meinem Büro ab. Auf dem Plan stand ein Highlight, auf das ich mich schon seit Wochen gefreut hatte. Wir fuhren gemeinsam zum nahe gelegenen Mitarbeiterfahrzeugcenter. Hier holte ich meinen neuen Geschäftswagen ab, den ich das nächste Jahr über fahren würde.

Ich trat in das Büro des Fahrzeugcenters ein. Es war menschenleer. Ich schaute mich in dem kleinen und karg ausgestatteten Raum um und hörte im

Hintergrund leise eine Stimme. „Guten Tag", sagte ich bewusst laut. Eine Frau schaute durch die Tür des Nachbarbüros und lächelte. „Wie geht's?", fragte sie, um sofort hinzuzufügen: „Ich heiße Lucy, du musst Tom sein, stimmt's?" Sie hatte mich offensichtlich erwartet. „Du bist für heute mein letzter Kunde. Aber eins kann ich dir sagen, du holst von allen den schönsten Wagen ab!" Das kann ich mir vorstellen, dachte ich, denn ich hatte bei der Auswahl meines Geschäftswagens wirklich Glück gehabt. Noch in Deutschland war ich aufgefordert worden, einen Wagen auszusuchen, den ich im ersten Jahr in Südafrika als Geschäftswagen fahren würde. Die Autos auf der Auswahlliste waren selbstverständlich alles Mercedes-Modelle. Viele C-Klassen, ein paar A- und E-Klassen und ganz unten auf der Liste ein E-Klasse-Cabriolet, perlmuttweiß-metallic mit schwarzem Faltdach. Ein Cabrio war immer mein Traumauto gewesen! Da ich mich in Deutschland aus praktischen Gründen immer für familientaugliche Fahrzeuge entschieden hatte, war nun die Chance gekommen, einmal eine „unvernünftige" Variante zu wählen. Und da ich in einem Land mit über 300 Sonnentagen leben würde, wollte ich mir den Traum vom offenen Fahren erfüllen. Mit der Bestätigung meines Traumwagens hatte dann die Zeit der Vorfreude für mich begonnen.

Lucy führte mich routiniert durch die Formalitäten der Wagenübernahme. Zwei Unterschriften, und schon lag der Fahrzeugschlüssel auf dem Tresen. Bevor ich den Schlüssel entgegennahm, gab sie mir noch folgenden Rat: „Tom, wir sind hier in Südafrika! Wir haben zwar viele Verkehrsregeln, aber nur eine davon ist wirklich sehr wichtig. Und an diese Regel solltest du dich immer halten, denn sonst bekommst du schnell Probleme. Und diese Regel lautet: Fahre stets auf der linken Straßenseite!" Sie lächelte mich an und wünschte mir eine gute Fahrt. Der Tipp, immer links zu fahren, war humorvoll verpackt gewesen, stellte in den ersten Tagen im südafrikanischen Straßenverkehr aber durchaus eine Herausforderung dar.

Ich ging durch die Unterführung des Centers zum Parkplatz. Nagelneu, direkt aus Deutschland importiert, stand mein Weggefährte für die nächsten zwölf Monate vor mir. Einsteigen, Dach auf, und los ging die Fahrt in Richtung B&B. Die Sonne spendete Wärme und der lauwarme Fahrtwind fuhr mir durchs Haar. Ein Gefühl von Freiheit breitete sich in meinem ganzen Körper aus. Bevor ich zu meiner Unterkunft fuhr, machte ich noch einen Abstecher zum Strand von Nahoon. East London liegt direkt am Indischen Ozean und hat kilometerlange Sandstrände. Der Unterschied zu den mir bekannten Stränden in Europa ist, dass es in Südafrika häufig Strandabschnitte gibt, die komplett menschenleer sind. Offensichtlich gibt es einfach zu viele Strände und zu wenige Menschen, um für überfüllte Strände zu sorgen.

Ich stellte meinen neuen Traumwagen auf dem Parkplatz ab und ging ein paar Treppen runter zum Strand und dann Richtung Meer. Ich liebe Wasser und wäre am liebsten sofort ein paar Meter geschwommen. Aber

ohne Badehose und Handtuch war das eher schwierig. So zog ich wenigstens meine Schuhe und Socken
aus und ging mit den Füßen ins Wasser. Oha, dachte
ich, zumindest merkt man an der Wassertemperatur,
dass es Winter ist. Gefühlt war das Wasser so um die
15 Grad kalt. Ich setzte mich an den Strand und beobachtete das Spiel der Wellen. Es waren eine Handvoll
Surfer auf dem Wasser. Die Neoprenanzüge schützten
sie vor dem kalten Wasser und sie warteten auf ihren
Boards auf die nächste Welle. Ziemlich mutig, dachte
ich. Hier an der Küste gab es doch den großen Weißen
Hai, der ab und zu auch Surfer attackierte. Heute Morgen beim Frühstück im B&B hatte mir mein Vermieter
Andrew seine Geschichte erzählt. Offensichtlich war
er in Südafrika vor vielen Jahren eine Surferlegende
gewesen. Bis er an einem Tag hier in East London mit
einem Freund surfte und sie beide von Haien ange-
griffen wurden. Andrew überlebte die Attacke mit
Verletzungen am Bein. Sein Freund hingegen kam
bei dem Angriff ums Leben. Später besuchte ich in
East London ein Surfer-Museum. Auf Tafeln wurde
dort Andrews Story beschrieben. An seinem ebenfalls
ausgestellten Surfbrett fehlte das Stück, das der Hai
herausgebissen hatte. Gruselig!

Weil solche Stories über Haiattacken tiefsitzende
Ängste in uns ansprechen, sind sie natürlich auch ein
beliebtes Thema in der Presse. Und auch Bücher und
Filme machen sich das Thema zu eigen: Filme wie
der Blockbuster-Kinostreifen *Der weiße Hai* aus dem
Jahr 1975 prägen unser (Schreckens-)Bild von diesem

Tier. Ein einfacher Faktencheck zeigt aber, dass es bei Zehntausenden aktiven Surfern in Südafrika ungefähr einen Todesfall pro Jahr gibt. Im Vergleich mit den 14 000 Verkehrstoten, die Südafrika pro Jahr verzeichnet, relativiert sich die Gefahr durch den Weißen Hai also erheblich. Auch für die von mir beobachteten Surfer am Strand von Nahoon bedeutet das eine Neubewertung ihres Risikos: Mit der Anreise zum Strand hatten sie den gefährlichsten Teil des Tages bereits hinter sich gebracht und konnten die Zeit im Wasser nun genießen und auf die perfekte Welle warten.

Meine Füße trockneten langsam und ich spielte mit den Zehen im Sand. Der kilometerlange Strand war fast menschenleer. Ein paar Hundebesitzer gingen mit ihren Hunden am Strand spazieren. Ich beobachtete ein Frachtschiff, das sich ganz langsam in der Ferne bewegte. Hier am Strand zu sitzen und zur Ruhe zu kommen, ließ meine Gedanken frei umherschweifen und mich über die hinter mir liegende Zeit nachdenken.

Nach der Trennung von Moni vor einigen Jahren war ich nach Stuttgart gezogen. Während der ersten Wochen nach dem Auszug aus dem Familienhaus war ich bei einem Freund untergekommen. Die Wohnung, die ich im Anschluss fand, gehörte in die Kategorie „Will sonst niemand haben". Sie war Teil eines alten Mehrfamilienhauses, das in der Nachkriegszeit in den 50er-Jahren gebaut worden war. Die Wohnung war klein, hatte zwei Zimmer und war mit Gasheizung und Gasherd ausgestattet. Durch die dünnen Wände bekamen die Bewohner des Hauses jedes Gespräch der Nachbarn mit, so als ob sie direkt mit am Kaffeetisch säßen. Definitiv nur eine Notlösung, dachte ich damals und wollte mir nach dem Einzug sofort eine schönere Wohnung suchen, in der ich mich wohlfühlen konnte. Allerdings schlug bei diesem Plan das Phänomen „Baustellenlampe" zu. Auch diese Phänomen basiert auf der ach so menschlichen Prokrastination. Wer kennt es nicht? Die bei einem Einzug in eine neue Wohnung als Übergangslösung an der Decke angebrachte schmucklose, aber praktische Baustellenlampe etabliert sich irgendwann als akzeptiertes Möbelstück und verrichtet noch Jahre später verlässlich ihren Dienst. Die Baustellenlampe bleibt, obwohl man sich anfänglich fest vorgenommen hatte, dieses unansehnliche technische Gerät durch eine wunderschöne Deckenlampe zu ersetzen. So ähnlich war es auch mit dieser von mir so ungeliebten Wohnung, die ich nur für wenige Monate als Übergangslösung geplant hatte. Ganze fünf Jahre wohnte ich dort – bis zu meinem Umzug nach Südafrika.

Meine Kinder hatte ich in den letzten Jahren alle zwei Wochen übers Wochenende bei mir gehabt. Inzwischen waren sie schon richtig groß geworden und ich genoss die Wochenenden mit ihnen sehr. Im Job ging es auch voran. Ich hatte inzwischen ein größeres Planungsteam übernommen, das auf die beiden Mercedes-Standorte Bremen und Sindelfingen verteilt war. Da ich für die Planung und Realisierung von Prozessen im Werk Bremen zuständig war, pendelte ich jede Woche mit dem Flieger zwischen Bremen und

Stuttgart. Das viele Hin- und Herreisen war durchaus stressig. Dazu kam noch die Fahrerei an den Kinder-Wochenenden. Freitagabends fuhr ich nach der Arbeit 70 Kilometer nach Neuenstadt, um meine Kinder abzuholen, und sonntags brachte ich sie wieder zu ihrer Mutter zurück. Damals dachte noch niemand über den CO_2-Fußabdruck nach, aber aufgrund der wöchentlichen Flüge und der vielen Autofahrten muss mein eigener sehr groß gewesen sein.

Ach ja, und dann waren da noch die Herausforderungen mit meinen Beziehungen zu Frauen. Nach der Trennung von Moni war ich definitiv für eine längere Phase nicht beziehungsfähig. Das war mir zu dieser Zeit nicht bewusst, auch wenn die unsteten On-off-Beziehungen und die häufig wechselnden Partnerinnen ein eindeutiges Signal waren. Es gelang mir einfach nicht, mit einer Partnerin eine längere Beziehung einzugehen. Ich kann mich im Nachhinein nur bei den damaligen Partnerinnen für meine Orientierungslosigkeit entschuldigen. Die schmerzhafte Trennung von meiner Familie wirkte länger nach, als ich es mir eingestehen wollte. Was folgte, war ein schwieriges Kapitel in meinem Leben: Aus einer kurzen Beziehung mit einer Frau ging ungeplant meine zweite Tochter Eva hervor, die im Februar 2006 zur Welt kam. Auch um Eva habe ich mich gekümmert. Es gab allerdings ein großes Problem, das mich sehr belastete. Evas Mutter schien aus der Tatsache, dass ich der Vater war, möglichst viel Kapital schlagen zu wollen. Ständig bekam ich Briefe von ihrem Anwalt mit weiteren Unterhaltsforderungen. Es ging ihr scheinbar weniger um das Kind als um die finanziellen Vorteile für sich selbst. Jedes Mal, wenn wieder eines dieser Anwaltsschreiben in meinem Briefkasten lag, blieb es ein paar Tage ungeöffnet liegen. Ich wusste, dass der Inhalt mich wieder für Tage aus der Spur bringen würde. Das war eine sehr belastende Zeit. Ich stand zu meiner Verantwortung und fragte mich immer, warum wir die finanziellen Themen nicht einfach gemeinsam besprechen konnten. So hatten Moni und ich es auch gehalten; wir brauchten nie einen Anwalt und die Unterhaltszahlungen wurden monatlich immer pünktlich überwiesen. Irgendwann kam ich an einen Punkt, an dem ich nicht mehr konnte und wollte. Die Beziehung zu meiner Tochter Eva war durch die ständigen Streitereien mit ihrer Mutter und die vielen Anwaltsbriefe extrem belastet, sodass ich mich schweren Herzens entschloss, den Kontakt zu meinem Kind abzubrechen. Das war für mich damals der einzige Ausweg, den ich sah, um die zerstörerische Verbindung zu ihrer Mutter zu beenden. Ich war ab diesem Zeitpunkt nur noch der Mensch, der monatlich Geld überwies. Diese Geschichte ist sicherlich eine Schattenseite meines Lebensweges, aber ich stehe weiterhin zu meiner Entscheidung von damals.

Und dann kam schließlich mein Chef auf mich zu. Sie suchten einen Leiter der Logistikplanungsabteilung im südafrikanischen Werk in East London. Ich sah darin sofort einen Weg, meinen Problemen und dem ganzen Stress in meinem Privatleben zu entkommen. Natürlich dachte ich auch an meine Kinder und dass ich sie nicht mehr so häufig sehen würde. Allerdings sah das Expat-Paket auch ein Reisebudget vor, mit dem sie mich bis zu dreimal im Jahr in Südafrika besuchen könnten. Und auch für mich standen regelmäßig Geschäftsreisen von Südafrika nach Deutschland auf dem Plan, sodass mir die Entscheidung zur „Flucht" nicht ganz so schwerfiel.

Und nun saß ich hier am Strand, auf einem anderen Kontinent und umgeben von einer neuen Kultur, und war gespannt, was in den nächsten Monaten alles auf mich zukommen würde. Das Bellen eines Hundes, der neben mir umherlief, holte mich aus meiner Gedankenwelt zurück ins Hier und Jetzt. Es dämmerte schon und die Sonne ging langsam unter. Ich verspürte eine Müdigkeit und sehnte mich plötzlich nach meinem Bett im B&B. Ich war offensichtlich erschöpft von dem Tag mit den vielen Gesprächen in einer anderen Sprache, mit all den neuen Eindrücken, die zu verarbeiten waren, und mit dem ständigen Fokus im Straßenverkehr, auch ja auf der linken Straßenseite zu fahren.

 Reflexion & Erkenntnisse:

Liebe & Beziehungen:
- Die Wunden einer schmerzhaften Trennung heilen nur sehr langsam.
- Die Liebe überbrückt auch Distanzen von 10 000 Kilometern. Ich trug meine Kinder im Herzen immer bei mir.

- Vertrauen zu einer Person, die wir nicht gut kennen, kann sich schnell als Leichtgläubigkeit entpuppen, wenn dieses Vertrauen missbraucht wird. Beispiel: Evas Mutter setzte während der kurzen Beziehung die Verhütungspille ab, ohne dies zu erwähnen.

Kultur:
- Besonderheiten einer anderen Kultur sollten wir nicht bewerten. Diese sind nicht besser oder schlechter als die Gewohnheiten unserer eigenen Kultur. Sie sind lediglich anders!
- Frage: Was ist das bessere System im Straßenverkehr, das Fahren auf der rechten oder linken Straßenseite? Antwort: Das ist egal, man muss sich nur einig sein.

Allgemeine Erkenntnisse:
- Wenn wir uns für eine Flucht entscheiden, dann möglichst in Richtung Sonne und Strand! ;-)

---

9. East London – der Hobby-Unternehmer

November 2012

Wir saßen zu zweit am Tisch des Café Bella im Beacon Bay Retail Park in East London und bestellten ein typisches britisches Frühstück: Sunny-side-up-Spiegeleier, Würstchen, gebratener Speck, Tomate, Champignons, gebackene Bohnen und Vollkorntoast, das volle britische Frühstücksprogramm. Das wird mich mit ausreichend Energie für den anstrengenden Tag versorgen, dachte ich. Naledi schaute mich an und sagte: „Tom, heute ist der große Tag. Ich bin aufgeregt!" Ich stocherte mit der Gabel in den Bohnen herum. „Ja, heute ist es endlich so weit, unser großes Projekt kommt in eine ganz entscheidende Phase. Aber das wird schon! Es gibt eigentlich keinen Grund, nervös zu sein. Wir haben die Eröffnung unseres Ladens in den letzten Monaten sehr gut vorbereitet. Aber ich verstehe dich gut, ich bin auch angespannt!" Ich lächelte sie an und drückte liebevoll ihre Hand. Für diesen Samstag hatten wir Familie, Freunde und Geschäftspartner zum Grand Opening unseres Geschenkeladens „Ayoba Trends" eingeladen. Die Realisierung der Geschäftsidee hatte uns in den letzten Monaten sehr beschäftigt.

Naledi? Ein eigenes Geschäft? An dieser Stelle sollte ich vielleicht kurz ein paar Dinge erklären. Denn seit meiner Ankunft in Südafrika vor mittlerweile fünf Jahren war so einiges passiert:

Wenige Monate nach meiner Ankunft in Südafrika im Jahr 2007 hatte ich im Restaurant Grazia in East London einen magischen Moment. Ich war mit einigen Kollegen nach der Arbeit essen. Am Nachbartisch saß eine Gruppe von offensichtlich gut gelaunten Freunden, die sehr viel Spaß miteinander hatten. Aufgrund der offenen Kultur in Südafrika war es nicht außergewöhnlich, dass wir bald ins Gespräch kamen. Eine Person an unserem Nachbartisch war mir schon beim Betreten des Restaurants aufgefallen: eine wunderschöne schwarze Frau mit einem bezaubernden Lächeln. Während des Gesprächs zwischen den zwei Gruppen erfuhr ich ihren Namen. Naledi und ich hatten ein lustiges erstes Gespräch – und es sollte nicht das letzte bleiben. Wir tauschten unsere Handynummern aus und lernten uns in den nächsten Wochen besser kennen. Es knisterte von Anfang an. Naledi arbeitete in Johannesburg in einer Sportmarketing-Firma und war an dem Tag, als wir uns das erste Mal trafen, auf Heimaturlaub, um ihre Familie zu besuchen.

Schon nach den ersten gemeinsamen Dates erkannten wir, dass unsere Verbindung mehr war als nur ein aufregendes Abenteuer. Wir hatten uns verliebt und führten anfänglich eine Fernbeziehung zwischen East London und Johannesburg. Nahezu jedes Wochenende sahen wir uns. Meistens kam Naledi mit dem Flieger nach East London. Seltener flog ich übers

Wochenende nach Jozi, wie Johannesburg von den Einheimischen genannt wird. Ein paar Mal fuhr ich sogar mit dem Auto die circa 1000 Kilometer lange Strecke. Während der Fahrten fiel mir immer wieder auf, wie schön und abwechslungsreich Südafrika ist. Die Pendelei ging ungefähr ein Jahr, dann stand das Ende meines Expat-Einsatzes an und ich sollte nach Deutschland zurückkehren. Wir überlegten nur kurz, wie es für uns weitergehen könnte. Naledi war bereit, mit mir nach Deutschland zu kommen. Für sie war Europa etwas Besonderes und sie wollte gerne wissen, in welcher Kultur ich aufgewachsen war. Da sie jedoch ein Visum für Deutschland brauchte, lag der nächste Schritt nahe: Bis über beide Ohren verliebt und beide spontan genug, entschieden wir uns, zu heiraten. Recht kurzfristig organisierten wir einen Pfarrer und zwei Trauzeugen für die Trauung. Die Zeremonie, die wir bei mir zu Hause vollzogen, hatte zugegebenermaßen einen eher nüchternen Charakter. Der pragmatische Hintergrund der Eheschließung war spürbar. Die anschließende Spontanfeier mit einigen Freunden, Kollegen und Familienmitgliedern Naledis war dafür umso ausgelassener. Wir feierten und tanzten die ganze Nacht durch. Zum Top-Hit des Abends entwickelte sich das Lied „Guantanamera" in der Fassung von Wyclef Jean. Immer und immer wieder legte einer der Gäste dieses Lied auf und die ganze Gesellschaft tanzte gemeinsam zu den Rhythmen. Für alle, die dabei waren, war diese Nacht eine unvergessliche Feier.

Oft dachte ich in dieser Zeit über eine Frage nach: War das der Anfang einer Beziehung, die bis zum Lebensende halten würde? Zumindest war das ein Ideal, das ich seit der Trennung von meiner ersten Frau im Kopf hatte. Oder war es eine Verbindung, die in erster Linie aus pragmatischen Gründen (zur Beantragung eines Visums) nun diesen offiziellen Charakter angenommen hatte? Die Fürsorge für einen Menschen, der mir wichtig war, hatte mich diesen Schritt vollziehen lassen, aber erst das Leben würde zeigen, ob die Verbindung von Dauer war.

Im Juni 2009 zogen Naledi und ich frisch verheiratet nach Deutschland um. Es ging zurück ins Schwabenländle, nach Stuttgart, wo wir eine schöne Maisonettewohnung fanden. Ich fing als Manager in der Forschung von Mercedes an. Naledi nutzte die Zeit, um Deutsch zu lernen. Einen vergleichbaren Marketing-Job, wie sie ihn in Johannesburg hatte, fand sie aufgrund der anfänglichen sprachlichen Herausforderungen nicht, sodass sie bei unterschiedlichen Firmen in einfachen Nebenjobs arbeitete. Für sie war die Umstellung auf die deutsche Kultur und das deutsche Wetter sicherlich schwieriger zu bewerkstelligen als meine Integration vor ein paar Jahren in Südafrika. Sie beschwerte sich aber nie und forderte nicht, dass wir wieder zurück nach Afrika gingen. Allerdings spürte ich, dass sie sich nicht komplett wohlfühlte. So bemühte ich mich nach drei Jahren in Deutschland darum, wieder eine Expat-Anstellung bei Mercedes in East London zu bekommen. Offensichtlich hatte ich bei den ehemaligen Kollegen in Südafrika einen guten Eindruck hinterlassen, sodass nach einigen Gesprächen mit dem neuen Logistikmanager des Werkes die positive Nachricht kam, dass es für uns zurück nach Südafrika gehen würde! Ich unterschrieb einen Expat-Vertrag für zwei Jahre.

Es ging also wieder zurück in das Land, das zu meiner zweiten Heimat geworden war. Im Mai 2012 zogen wir mit Sack und Pack in ein schönes Haus im Stadtteil Nahoon in East London. Unser Haus lag etwa 400 Meter vom Strand des Indischen Ozeans entfernt. Abends, wenn Ruhe einkehrte, konnten wir auf unserer Terrasse dem Wellenspiel des Meeres lauschen. Traumhaft, ein Setting wie im Urlaub!

Nach unserer Rückkehr nach Südafrika stellte sich die Frage, was Naledi beruflich machen könnte. Sie hätte sicherlich wieder bei ihrer ehemaligen Sportmarketing-Firma in Johannesburg einsteigen können. In einer Fernbeziehung, wie wir sie vor ein paar Jahren hatten, wollten wir aber auf keinen Fall wieder leben, sodass diese Option für uns ausgeschlossen war. Also hielt sie nach einem passenden Job in East London Ausschau. Allerdings war die Marketingbranche hier so gut wie nicht existent. Wir mussten eine andere Lösung finden. Naledi hatte einige Erfahrungen im Einzelhandel, außerdem träumte sie davon, sich selbstständig zu machen. So entstand die Idee, ein eigenes Geschäft aufzubauen und zu eröffnen. Wir starteten das Projekt kurz nach unserer Rückkehr nach East London. Ich wollte sie bei dem Vorhaben unterstützen, da auch ich die Idee einer Selbstständigkeit seit Langem im Hinterkopf hatte. Einmal mein eigener Chef sein. Einmal für alle Geschäftsbereiche vollumfänglich verantwortlich sein. Zum Unternehmertum gehörte für mich, die volle Verantwortung, aber eben auch das volle Risiko zu tragen. Mit diesem Projekt würden wir als Unternehmer wertvolle Erfahrungen sammeln können.

Die Idee zu dem Ladenkonzept hatten wir aus Deutschland mitgebracht. Eine Geschenkladenkette wie Nanu-Nana gab es in Südafrika nicht. Wir konnten uns sehr gut vorstellen, ein solches Konzept für den südafrikanischen Markt zu adaptieren. Bevor es losging, hatte ich Nanu-Nana kontaktiert, um zu prüfen, ob sie Interesse hatten, sich an einem solchen Projekt in Südafrika zu beteiligen. Die Antwort war eindeutig und aus Sicht des Unternehmens auch nachvollziehbar: Südafrika? Nein, wir fokussieren uns auf den europäischen Markt. Schade, dachte ich, denn die Expertise eines europäischen Spezialisten hätte uns sicherlich geholfen. So würden wir eben unser eigenes Ding machen.

Wir stimmten klare Verantwortlichkeiten für das Projekt ab. Meine Aufgabe war es, die Unternehmensgründung einer Limited zu organisieren, weitere Shareholder zu integrieren und das Finanzkonzept zu erstellen. Außerdem implementierte ich das IT- und Point-of-Sale-System mit der Unterstützung eines Dienstleisters. Naledi war für das Corporate Design, den Einkauf, das Einrichtungskonzept sowie das Personalmanagement zuständig. Sie hatte auch die Idee für den Namen Ayoba Trends. „Ayoba" ist ein verbreitetes südafrikanisches Slang-Wort; es bedeutet „cool" oder auch „in Ordnung" und wird im Alltag von unterschiedlichen Altersgruppen verwendet. Der von uns ausgewählte Firmenname wurde bei der Anmeldung der Limited genehmigt, sodass wir unser Corporate Design erstellen konnten. Schnell fanden wir in East London einen von der Größe her geeigneten Laden, den wir anmieten konnten. Der Laden befand sich in einer kleinen Mall, dem Beacon Bay Retail Park. Das Interieur hatten wir mithilfe eines in East London ansässigen Ladenbauers designt und realisiert. Das Geschäftskonzept basierte auf der Idee, dass wir im Erfolgsfall weitere Läden, auch in anderen Städten, eröffnen und so sukzessive eine Ladenkette aufbauen könnten. Aber ein Schritt nach dem anderen!

Ich zog das Projekt neben meinem Managerjob bei Mercedes durch. Das war eine zeitliche Herausforderung, da bei Mercedes parallel der Anlauf eines neuen Fahrzeugprodukts in der Vorbereitung war und ich als Projektleiter zeitlich sehr eingespannt war. Für eine gewisse Zeit war diese Doppelbelastung möglich, dachte ich mir. Nach der Eröffnung würde ich mich zusammen mit dem Steuerberater lediglich mit der Buchhaltung beschäftigen und nicht in das operative Tagesgeschäft eingebunden sein. Das sollte zeitlich unter einen Hut zu bekommen sein.

Doch zurück zum Samstag im November, dem Tag des Grand Opening. Endlich war es so weit, es konnte

losgehen. Rechtzeitig zum anstehenden Weihnachts-
geschäft war der Laden fertig geworden und wartete
auf die ersten Kunden. Die monatelange Vorbereitung
ging mit diesem Tag zu Ende. Das Interieur des Ladens mit den Regalen, dem Verkaufstresen und diversen kleineren Tischen war gerade rechtzeitig fertig
geworden. Das Kassensystem des Point of Sale mit
Computer, Preisschilddrucker, Geldschublade, Scan-
ner und Kreditkartenterminal funktionierte. In zwei
Nachtschichten hatten wir Hunderte von Artikeln
ausgezeichnet, im Kassensystem registriert und in
den Regalen platziert. Der Sekt war kaltgestellt und
das Fingerfood angerichtet. Wir waren mächtig stolz,
als die ersten eingeladenen Gäste den Laden betraten.
Nach ein paar kurzen Reden war der Laden offiziell er-
öffnet. Der Umsatz an diesem ersten Tag war bemerkenswert gut: ein toller Start in die Selbstständigkeit.
Wir freuten uns riesig über das positive Feedback der
ersten Besucher zum Ladenkonzept.

Die ersten Wochen liefen richtig gut. Das Weih-
nachtsgeschäft führte zu hohen Umsätzen. Die Monate Januar und Februar fielen saisonal bedingt allerdings wesentlich schwächer aus. Schon da zeigten sich
zwei große Herausforderungen unseres Geschäftskonzepts. Das erste Problem war, dass wir zu hohe
Einkaufspreise für unsere Artikel bezahlen mussten.
Skaleneffekte und Preisverhandlungen mit unseren
Lieferanten waren aufgrund der geringen Abnahme-
mengen praktisch nicht möglich. Die zweite Herausforderung waren die hohen Mietkosten des Ladens.

Schon nach wenigen Monaten konnten wir sehen, dass die Einnahmen in schlechteren Monaten nicht die Gesamtausgaben deckten, die zum Großteil aus den Mietkosten bestanden. Die ersten dunklen Wolken zogen über dem Versuch der Selbstständigkeit auf. Neue Ideen zur Erweiterung des Geschäftskonzepts wie zum Beispiel die Anschaffung einer Siebträger-Kaffeemaschine und das Anbieten von verschiedenen Kaffeearten sowie Muffins und Keksen konnten wir aufgrund der sich verschärfenden finanziellen Situation und der schwindenden Motivation des Teams nicht mehr realisieren. Nach nur knapp zwei Jahren mussten wir den Laden schließen, mit einem sechsstelligen Eurobetrag als Gesamtverlust. Der Traum von Selbstständigkeit und Unternehmertum war erst einmal ausgeträumt.

Mir wurde dadurch klar, dass ich zwar ein guter Manager in einem Industrieunternehmen war, die Anforderungen an einen erfolgreichen Unternehmer hingegen komplett andere waren. Absolute Kundenorientierung, ein sicheres Spürnäschen für Marktlücken, innovative Ideen, Fokus auf Einkauf und Vertriebskonzept sowie ein hundertprozentiger Einsatz der Key Player sind Erfolgsfaktoren, die mir anfangs nicht bewusst gewesen waren. Ich hatte noch nicht verstanden, was Unternehmertum bedeutet und was es brauchte, um als Unternehmer erfolgreich zu sein. Ich musste mir eingestehen, dass mein Ausflug ins Unternehmertum nicht erfolgreich gewesen war. Allerdings hatte ich daraus einiges gelernt, nicht zuletzt, was bei einem solchen Projekt alles schiefgehen kann. Man kann das auch positiv sehen: Die Erkenntnis, dass etwas nicht erfolgreich ist, ist zwar eine schmerzhafte Erfahrung – und war in meinem Fall auch eine teure Lehrstunde –, aber sie ist ein wichtiger Schritt auf dem Weg, zu lernen, wie etwas erfolgreich funktionieren kann.

Reflexion & Erkenntnisse:

Erfolgsfaktoren:
- Sehr gute Leistungen in einem Job stärken die Brücken, die du auf deinem Weg überquert hast, sodass Rückkehr immer eine Option bleibt.
- Zu wissen, wie es nicht geht und wie sich Fehler auswirken, ist ein wichtiger Teil des Skill-Sets erfolgreicher Menschen.

Führungsverhalten & Leadership:
- Selbstständigkeit erfordert ein Erfolgsteam, bei dem sich die Skills der Schlüsselpersonen ideal ergänzen.
- Im großen Industrieunternehmen sowie im kleinen Einzelhandel gilt: Die Einkaufspreise sind ein bestimmender Faktor für den wirtschaftlichen Erfolg.
- Hohe Fixkosten (z. B. Miete) sind insbesondere in Krisenzeiten eine wirtschaftliche Gefahr für ein Unternehmen.
- Die nicht umgesetzte Anschaffung der Siebträger-Kaffeemaschine hatte es gezeigt: Stillstand ohne Weiterentwicklung ist der Anfang vom Ende.

- Eine erfolgreiche Selbstständigkeit neben einem Vollzeitjob ist nicht möglich.
- Ein guter Manager zu sein, bedeutet nicht, dass man auch ein guter Unternehmer ist.

Mindset & Werte:
- Ein in meinem Leben wichtiger und tief verankerter Wert ist die Abenteuerlust. Damit verwandt ist die Risikobereitschaft. Für Menschen mit diesen Werten ist das Scheitern eines Projekts oder die Verfehlung eines Ziels durchaus schmerzhaft. Allerdings währt dieser Zustand nur kurz und schnell treten die positiven Aspekte des Scheiterns, wie das Lernen und die Horizonterweiterung, in den Vordergrund: Weiter geht's!
- Gemäß dem Konzept des amerikanischen Psychologen Taibi Kahler gibt es unterschiedliche innere Antreiber und Verhaltensmuster, die unser Handeln bestimmen. Oft sind diese unbewusst. Zwei bei mir ausgeprägte Antreiber lauten „Beeile dich" und „Strenge dich an". Ein bei mir weniger ausgeprägtes Muster ist dagegen Perfektion.

10. Knysna – Beerdigung mit Familienzuwachs

Der mit Bänken und Stühlen bestückte große Saal des Gemeindehauses in Knysna war voller Menschen. An den Wänden und im hinteren Bereich standen die Trauernden, die keinen Sitzplatz ergattert hatten. Als direkte Familienangehörige des verstorbenen Onkels von Naledi waren für uns Sitzplätze ganz vorne in der ersten Reihe reserviert. Auf der Bühne stand der mit Blumen geschmückte Sarg und auf einer Staffelei war ein großes Porträtbild des Onkels angebracht. Am Rand der Bühne hatten mehrere Priester in bunten Gewändern auf Holzstühlen Platz genommen. Der Gemeindepriester hielt seine Trauerrede in Afrikaans, der in dieser Region Südafrikas vorherrschenden Sprache. Diese dem Niederländischen ähnliche Sprache klang in meinen Ohren vertraut; als Kind hatte ich viele Urlaube in Holland verbracht. Mein Opa war Holländer, sodass ich zu dieser Sprache eine Beziehung hatte.

Obwohl ich trotzdem nur sehr wenig von dem verstand, was der Priester sagte, bestätigte sich meine Vermutung: Auch in Südafrika war es offensichtlich üblich, nur die positiven Seiten eines Verstorbenen hervorzuheben und den Rest unerwähnt zu lassen. Spannend fand ich den Mix aus Trauer und Freude, der in der Gemeindehalle herrschte. Bei der Rede des besten Freundes von Naledis Onkel wurde häufig gelacht. Offensichtlich hatten die beiden ein paar lustige Erlebnisse geteilt. Im Anschluss an die Predigt des Gemeindepriesters und die Ausführungen des Freundes stimmte die Trauergemeinde ein Gospellied an, getragen von tiefer Emotionalität und kraftvollen Stimmen. Ich liebe afrikanische Gospelgesänge. Auch wenn ich den Text nicht verstehe, spüre ich die emotionale und spirituell aufgeladene Stimmung, die diese Musik erzeugt.

Nach der Zeremonie im Gemeindehaus ging die Trauergemeinde zum nahe gelegenen Friedhof. Das Grab war schon für die Beerdigung vorbereitet und nach einer weiteren kurzen Predigt des Priesters wurde der Sarg in das Grab herabgelassen. Es war nun die Zeit gekommen, endgültig Abschied zu nehmen. Nach diesen für die engere Familie tränenreichen Momenten ging die Trauergemeinde zum Familienhaus des Verstorbenen, wo ein großes Zelt für den Leichenschmaus aufgebaut war. Als die Trauergemeinde an den Tischen Platz genommen hatte, gab es ein typisches südafrikanisches Gericht, das bei Beerdigungen häufig serviert wird: Lammfleisch mit grünem Blattgemüse, Reis und Bohnen. Auch Bier, Wein und Spirituosen wurden angeboten. Die Stimmung der Gesellschaft wandelte sich im Verlauf der Trauerfeier stetig. Erst herrschte eine traurige Stille. Dann entwickelten sich angeregte Gespräche über die gute alte Zeit und am Ende verbreitete sich eine ausgelassene

Stimmung zu Ehren des Lebens des Verstorbenen. Diese Dynamik während einer Trauerfeier war eine weitere Gemeinsamkeit zwischen Deutschland und Südafrika, die mir auffiel.

Die Nachricht, dass Naledis Onkel gestorben war, hatte uns ein paar Tage zuvor erreicht. Wie in Südafrika üblich, fand die Trauerfeier am darauffolgenden Wochenende statt. So machten Naledi, ich und ein paar weitere Familienmitglieder uns mit dem Auto von East London auf den Weg in das gut 500 Kilometer entfernte Knysna, die Heimatstadt Naledis. Dieser malerische Ort liegt an der berühmten Garden Route in der Provinz Westkap, direkt am beeindruckenden Knysna-Lagunenbecken, das vom Indischen Ozean gespeist wird. Knysna ist umgeben von dichten Wäldern und einer beeindruckenden Bergkulisse, was den Ort zu einem beliebten Ziel für Touristen macht. Wir waren schon häufiger hier zu Besuch gewesen und ich hatte mir immer vorgestellt, dass es ein schöner Ort zum Leben wäre.

Das Leben ist ein Kommen und Gehen. Geburt und Tod gehören dazu, wie Freude und Trauer. Diese großen Themen bewegten auch uns. In den letzten Monaten hatten Naledi und ich uns häufiger über ihren Kinderwunsch unterhalten. Ich war zweigeteilt. Auf der einen Seite hatte ich schon vier Kinder und war fest davon überzeugt, dass dies ausreiche. Auf der anderen Seite war mir Naledis Kinderwunsch wichtig. Sie sollte auch die Chance haben, diese besondere Liebe zu einem kleinen Menschen zu fühlen und

Verantwortung für ein Kind zu übernehmen. Unsere Gespräche über dieses Thema waren noch nicht abgeschlossen, als es an diesem wunderschönen Ort Knysna, dem Geburtsort Naledis, zu einer Begegnung kam, die unser Leben veränderte.

Naledi und ich gingen von dem Zelt, in dem die Trauerfeier stattfand, in das Wohnhaus ihrer Tante, um neue Getränke zu holen. Auf einmal hörten wir Geräusche aus einem Schlafzimmer. Die Tür zu dem Zimmer stand offen und wir schauten nach, wer oder was diese Geräusche verursachte. Es war ein kleines Baby, das allein im Bett lag und offensichtlich gerade wach geworden war. Niemand anderes war in dem Raum. Naledi hob das Baby auf und sprach mit der Kleinen. Es war Lathita, die wenige Monate alte Tochter von Naledis Schwester. Ich hatte die traurige Geschichte von Lathita gehört und das zuckersüße Baby auch bei einem früheren Familienbesuch schon gesehen. Ihre leibliche Mutter hatte kein Interesse an dem Baby gezeigt und es sofort nach der Geburt in die Obhut der Großeltern gegeben. Der leibliche Vater hatte sich schon vor der Geburt aus dem Staub gemacht und wollte keine Verantwortung für sein Kind übernehmen. Ich konnte die beiden Eltern nicht verstehen: Wie konnten sie ein Baby in die Welt setzen, aber die Verantwortung dafür nicht übernehmen wollen? Und nun war Lathita bei ihren Großeltern untergebracht, die sich von diesem in Südafrika durchaus verbreiteten Modell eigentlich immer distanziert hatten. Ein trauriger Start für Lathitas Leben!

Doch dann ereignete sich dieser magische Moment in einem Schlafzimmer in Knysna. Für mich war die Begegnung mit Lathita wie Liebe auf den ersten Blick. Dieses kleine unschuldige Wesen lag in Naledis Armen und lächelte uns an. Ein Lächeln zum Dahinschmelzen. Naledi und ich sahen uns an und hatten beide denselben Gedanken. „Wir können uns um die Kleine kümmern!" Ich wischte alle Bedenken beiseite: „Ja, wir sollten es versuchen! Wir nehmen Lathita mit nach Hause und schauen, wie es weitergeht. Aber eins ist mir wichtig: Wenn wir uns dafür entscheiden, Lathita zu betreuen und aufzuziehen, dann müssen wir das richtig machen. Mit allem, was dazugehört. Wir übernehmen die volle Verantwortung für sie." Naledi nickte und suchte mit Lathita auf dem Arm nach der Milchflasche, die irgendwo in der Küche stehen musste.

Wir besprachen noch am selben Tag unsere Idee, uns in Zukunft um Lathita zu kümmern, mit der Familie. Der Plan fand überall Unterstützung und die Großeltern waren erleichtert, dass es endlich eine Lösung für Lathitas schwierige Situation gab. So fuhren wir am nächsten Morgen zu dritt zurück nach East London. Eine neue kleine Familie war von einem Tag auf den anderen entstanden und das Beerdigungswochenende hatte zu einem ungeplanten Familienzuwachs geführt. Das Leben hat eben manchmal Überraschungen für uns parat. In diesem Fall war es eine großartige Überraschung und eine neue Quelle von Glück und Liebe. Von diesem Tag an war Lathita ein Teil unserer Familie. Wir kümmerten uns um sie, als ob sie unsere eigene Tochter wäre. Lathita wuchs heran und sagt noch heute Papa zu mir, auch wenn es offensichtlich ist, dass ich nicht ihr leiblicher Vater bin. Uns verbinden seit dem Tag in Knysna eine ganz enge Beziehung und eine außergewöhnliche Liebe.

Reflexion & Erkenntnisse:

Liebe & Beziehungen:
- Die Liebe zu einem Kind ist unabhängig von der Verwandtschaft der Gene.

Mindset & Werte:
- Ein Versprechen bleibt ein Versprechen. Deshalb werde ich für Lathita da sein, bis sie ihr Leben selbstständig meistern kann. Ich möchte ihr den mir wichtigen Wert „Verantwortung übernehmen" vorleben.
- Offenheit für Veränderungen im Leben führt zu Veränderungen im Leben.

Allgemeine Erkenntnis:
- Zu einem Leben gehören auch die negativen Eigenschaften eines Menschen, die auch bei einer Beerdigung angesprochen werden können.

11. Kapstadt – Fuck-up in Paradise

Dezember 2015

Ich war mit meinem Rennrad mal wieder auf meiner Lieblingsrunde unterwegs. Diese 85 Kilometer lange Tour ist ein wahrer Traum und wahrscheinlich eine der schönsten Rennradstrecken auf diesem Planeten. Für mich begann die Tour stets direkt vor unserem Haus in Hout Bay. Auf den ersten Kilometern folgte ich einer in den Steilhängen der Tafelbergkette angelegten kurvigen Straße hinauf zum ikonischen Chapman's Peak. Oben angekommen erschloss sich mir der wunderschöne Blick auf die Bucht von Hout Bay. Anschließend fuhr ich bergab in Richtung Noordhoek Beach mit seinem kilometerlangen weißen Sandstrand. Über das Sun Valley führte die Radtour weiter zur östlichen Seite der Kap-Halbinsel nach Fish Hoek Beach. Dann ging es immer die Küstenstraße entlang Richtung Simons Town mit seinen pittoresken Straßenhäusern. An den Pinguinen vom Boulders Beach vorbei verließ ich dann den bewohnten Bereich in Richtung Kap der Guten Hoffnung. Nun ging es mehrere Kilometer leicht bergauf an der Steilküste entlang. Auf der linken Seite waren weit in der Ferne schemenhaft die Berge bei Sommerset Strand erkennbar, die auf der anderen Seite der großen False Bay liegen. Am höchsten Punkt angekommen verließ ich die Steilküste wieder und passierte die Zufahrtsstraße zum Nationalpark Kap der Guten Hoffnung.

Auf der Plateau Road ging es durch die Ausläufer des Tafelberg-Nationalparks und vorbei an Straußenfarmen. Es folgte eine verlassene Steppenlandschaft, bis bei Scarborough wieder die westliche Seite der Cape-Hope-Halbinsel erreicht war. Nun ging es wieder an der Steilküste mit ihren Klippen und weißen Sandstränden entlang, vorbei am Slangkop-Leuchturm, bis ich nach einer steilen Abfahrt das kleine Städtchen Kommetjie erreichte. Hinter dem Örtchen Ocean View lag an der Landstraße eine kleine Tankstelle, an der ich meistens eine kurze Pause einlegte. Dann ging die Runde wieder über den Chapman's-Peak-Pass zurück nach Hout Bay. Diese traumhaft schöne Tour bin ich während meiner eineinhalb Jahre in Kapstadt Dutzende Male gefahren. Nie konnte ich mich sattsehen an der Schönheit der Steilküsten, der weißen Strände, der Buchten und der Weiten des Atlantischen Ozeans. Jedes Mal war ich aufs Neue begeistert und ich habe fest vor, diese ganz besondere Tour noch einmal in meinem Leben zu fahren.

Da ich an diesem Tag recht früh losgefahren war, kam ich schon mittags an meiner Lieblingstankstelle an, um dort meine traditionelle kurze Pause einzulegen. Es gab dort einen kleinen Shop, in dem ich mich nach drei Vierteln der Radrunde jeweils verpflegte. Ich kaufte ein Getränk und einen Schokoriegel, setzte mich auf eine Bank, die neben der Tankstelle auf einer Grünfläche stand, und ruhte ein wenig aus.

Ich war gerade dabei, mich auf meinen dritten Mitteldistanz-Triathlon vorzubereiten. In ein paar

Wochen, im Januar, wollte ich am Ironman 70.3 in East London teilnehmen. Mit diesem Rennen hatte ich noch eine Rechnung offen. Bei der zweiten Teilnahme im Januar 2015 war ich trotz intensiver Vorbereitung fast eine Stunde langsamer gewesen als bei meiner Premiere ein Jahr davor. Lange hatte ich darüber nachgedacht, warum meine Leistung beim zweiten Mal so eingebrochen war. Hatte ich vielleicht einen Virus in mir, der mir sämtliche Kraft raubte? Oder war es einfach einer dieser schwarzen Tage, an denen nichts funktioniert? Inzwischen weiß ich ziemlich genau, warum meine Leistung so eingebrochen war. Um dies zu erklären, muss ich kurz schildern, was in den letzten zwei Jahren geschehen war.

Nach gut zwei Jahren in East London lief mein zweiter Expat-Vertrag bei Mercedes Mitte 2014 aus. Damit stand eine wichtige Entscheidung an: Sollten wir als Familie nach Deutschland zurückgehen oder sollte ich nach fast 14 Jahren bei Mercedes kündigen und mit Naledi und Lathita in meiner zweiten Heimat Südafrika bleiben? Die zweite Variante war unser Favorit, allerdings gab es ein Problem. Der Arbeitsmarkt in Südafrika war eher überschaubar. Gut bezahlte Jobs gab es sehr selten. Das Gehalt war für mich sehr wichtig, da ich weiterhin für meine Kinder in Deutschland Unterhalt zahlte. Zu dieser Zeit war es schon offensichtlich, dass unser Laden Ayoba Trends nicht profitabel funktionierte und unsere Familie nicht finanzieren würde. Genau in dieser Phase der Entscheidung, auf welchem Kontinent unser Lebensmittelpunkt in Zukunft sein würde, wurde ich von einem südafrikanischen Headhunter kontaktiert. Sie suchten einen Senior Manager für einen Automobilzulieferer in Kapstadt. Die Kombination eines Karriereaufstiegs auf eine Senior-Manager-Stelle mit dem Standort Kapstadt war fast zu schön, um wahr zu sein! Die Mother City von Südafrika ist eine der schönsten Städte der Welt. Das musste Schicksal sein, dachte ich damals.

Die ersten Gespräche mit dem Headhunter verliefen sehr positiv. Während der Telefonate erhielt ich mehr Informationen über die ausgeschriebene Stelle. Es waren rund 125 Mitarbeitende zu führen. 100 auf dem Shop Floor und 25 im Büro. Insgesamt berichteten sechs Leiter direkt an den Senior Manager im Bereich Production Control & Logistics. Der Standort produzierte Abgasanlagen für verschiedene Automobilhersteller in drei Schichten und je nach Auftragslage an fünf oder sechs Arbeitstagen in der Woche. Um es kurz zu machen: Das Bewerbungsverfahren mit Interviews und Einzel-Assessment-Center bei der einstellenden Firma war erfolgreich. Das ausgehandelte Gehalt war für südafrikanische Verhältnisse außergewöhnlich gut und Mitte 2014 stand mein erster Arbeitstag an.

In den ersten Wochen in Kapstadt kamen Naledi, Lathita und ich in einem kleinen B&B in der Nähe meiner Arbeitsstätte unter. Parallel suchten wir ein Haus für unsere Familie. Wir fanden ein wunderschönes Wohnhaus im Stadtteil Hout Bay mit riesigem Garten und einem schönen Pool. Der Traum von einem glücklichen Leben in meiner Lieblingsstadt Kapstadt wurde immer realer.

Allerdings hatte ich bei der Auswahl des neuen Arbeitsplatzes, geblendet von der Vielzahl der Vorteile, eine wichtige Sache übersehen. Die Tatsache, dass sich das Produktionswerk des automobilen Zulieferers seit längerer Zeit im absoluten Krisenmodus befand, sollte das nächste Jahr meines Berufslebens zu einer riesigen Herausforderung machen. Seit Jahren schrieb das französische Unternehmen mit dem Werk in Kapstadt rote Zahlen. Es wurde von Jahr zu Jahr schwieriger. Die Stimmung am Standort war schlecht und es wurde erheblicher Druck aus der Firmenzentrale in Frankreich auf das lokale Management in Kapstadt ausgeübt. Es hatte sich eine Hire-and-Fire-Mentalität entwickelt. Die letzten drei Vorgänger auf meiner Leitungsposition waren allesamt nicht länger als ein halbes Jahr im Amt gewesen. Ich arbeitete in den nächsten zwölf Monaten mit drei unterschiedlichen Werkleitern zusammen. Bereits in der ersten Arbeitswoche wurden die komplett unterschiedlichen Unternehmenskulturen und Managementphilosophien zwischen meinem ehemaligen und meinem neuen Arbeitgeber deutlich: Schon am zweiten Tag rief mich der Landeschef des Unternehmens in sein Büro und gab mir den Auftrag, eine Liste derjenigen Mitarbeitenden zu erstellen, die als „Underperformer" entlassen werden sollten. Ich hatte in meinem Arbeitsleben schon viel erlebt, aber einen solchen Auftrag nach einer so kurzen Zeit hatte ich bisher noch nicht erhalten. Ich kannte meine

Mitarbeitenden doch noch gar nicht richtig! Das Abenteuer Kapstadt fing deshalb mit einem Unbehagen an.

Ein weiterer grundsätzlicher Unterschied zwischen meinem bisherigen Job bei einem Automobilhersteller und meiner neuen Arbeit für einen Zulieferer war das Produkt, das wir herstellten. Ich merkte schnell, dass dieser Faktor eine wichtige Quelle der Motivation und Leidenschaft für mich war und großen Einfluss darauf hatte, wie viel Freude mir die Ausführung meiner Arbeit bereitete. Bei Mercedes hatten wir noch kurz vor meinem Wechsel nach Kapstadt den Start der Produktion des neuen C-Klasse-Modells gefeiert. Auf der Bühne war das neue Auto enthüllt worden und unser Werkleiter hatte eine große Rede gehalten, mit der er seine Dankbarkeit dafür zum Ausdruck brachte, dass wir als Team dieses großartige neue Produkt auf die Beine gestellt hatten. Er war ein wahrer Leader, zu dem ich aufschauen konnte. Bei dem anschließenden Fest traten bekannte südafrikanische Musiker auf und mehr als 1000 Kollegen feierten in der großen, festlich geschmückten Halle. Und wie es in Südafrika immer und überall üblich ist, tanzten bald alle zur rhythmischen Musik. Ich war so stolz, Teil dieses großartigen Teams gewesen zu sein. Das emotionale Produkt, das wir feierten, war eine wahre Motivationsquelle, um als Team die Extrameile zu gehen.

In meinem neuen Job in Kapstadt produzierten wir stattdessen Abgasanlagen für unterschiedliche Fahrzeughersteller. In alten, dunklen Fertigungshallen wurden Metallbleche zusammengeschweißt.

Die Produktionsanlagen versprühten den Charme eines Karosseriebaus der 50er-Jahre. Überall flogen die Funken der Schweißanlagen umher. Alles schien schmutzig und alt zu sein. Ich konnte mir wahrlich nicht vorstellen, wie eine große Feier anlässlich der Fertigstellung einer neuen Abgasanlage eines neuen Fahrzeugmodells hier aussehen würde. Von Enthusiasmus und Herzblut konnte auf meiner Seite keine Rede sein. Und dann der Auftrag, eine schwarze Liste meiner Mitarbeitenden zu erstellen: Bye-bye Leadership, hallo Führungsinkompetenz.

Ich stemmte mich von Anfang an gegen das Unvermeidliche. In meiner Abteilung hatten wir große Probleme. Es gab keine Standards; jede Schicht arbeitete anders als die andere. Es gab somit nicht die Möglichkeit, Prozessoptimierungen einzuführen. Es fehlte an allem: Es gab keine Prozessbeschreibungen, kein funktionierendes Kennzahlensystem und keine Zeit, auftretenden Problemen mithilfe von Problemlöseverfahren nachhaltig auf den Grund zu gehen und sie zu beseitigen. Auch die Partnerabteilungen wie Produktion und Beschaffung waren in einer ähnlichen Situation und mussten ständig Prozessfehler korrigieren. Dabei hatte sich eine Kultur des der gegenseitigen Schuldzuweisung zwischen den Bereichen entwickelt. Eine Silo-Kultur, die nicht dazu beitrug, neutral Prozessschwächen zu erkennen und die Probleme dort anzugehen, wo sie ihren Ursprung hatten. Es gab jeden Tag ungemütliche Überraschungen, bei denen irgendetwas, zum Teil Banales nicht funktionierte, wodurch wir wieder ein weiteres Problem kurzfristig beheben mussten. Es kam zu einem Feuerwehreinsatz nach dem anderen: Firefighting at it's best!

Am schlimmsten empfand ich die Kurzbesuche von Top-Managern aus der Firmenzentrale in Frankreich. Ich nannte sie Helikopter-Einsätze. Die hohen Herren flogen bildlich gesprochen mit dem Hubschrauber herbei, wirbelten dabei viel Staub auf und nach ein paar Tagen flogen sie wieder heim, nicht ohne eine lange To-do-Liste zu hinterlassen, die in den nächsten Wochen eher schlecht als recht abgearbeitet wurde. Die Helikopter-Manager erklärten uns während ihrer Kurzaufenthalte, was alles schlecht sei und dass alles anders gemacht werden müsse. Geld oder zusätzliche Ressourcen, die für das Abstellen der Probleme erforderlich gewesen wären, brachten sie allerdings nicht mit.

Ich persönlich kämpfte auch mit diversen Herausforderungen. Ohne jegliche Einarbeitung kannte ich weder die Zielprozesse des Unternehmens noch die eingesetzten IT-Systeme. Ich war vom ersten Tag an im Taskforce- und Firefighting-Modus. Mir wurden keine zusätzlichen Ressourcen zur Verfügung gestellt, um mich um die grundsätzlichen Themen wie Standardisierung, Prozessbeschreibung und Fehlermethoden kümmern zu können. Aufgrund der fehlenden Kenntnis der Soll-Prozesse der Firma hatte ich versucht, die Prozesse einzuführen, die ich von meinem vorherigen Arbeitgeber kannte. Während dieser Zeit war mir nicht bewusst, dass ich das Rad unnötigerweise neu erfand, da es eigentlich klar vorgegebene Prozesse gab, die an anderen Standorten des Unternehmens auch funktionierten. Ich arbeitete eine Zeit lang durchschnittlich zwölf Stunden an sechs Tagen die Woche. Arbeitstage mit bis zu 18 Stunden waren auch keine Seltenheit. Zum Teil kam ich zur Arbeit, als die Nachtschicht noch arbeitete, und ging, als die Kollegen wieder zur Arbeit kamen. „Tom, bist du immer noch hier oder schon wieder?", begrüßten sie mich. „Das ist nicht gesund!" Sie hatten recht. Nach mehreren Monaten im ständigen Firefighting-Modus kam ich an meine Grenze. Ich fühlte mich leer und ausgebrannt. Mir wurde bewusst, dass ich nicht den Hebel in der Hand hatte, um das Ruder herumzureißen.

Und genau in dieser anstrengenden Zeit stand die Vorbereitung für meinen zweiten 70.3-Ironman an. Von der reinen Trainingszeit her war ich ähnlich unterwegs wie im Jahr zuvor, als ich mich für meinen ersten Halbdistanz-Triathlon vorbereitet hatte. Allerdings war das Ergebnis beim zweiten 70.3 Ironman ernüchternd. Ich war eine ganze Stunde langsamer als im Vorjahr, als ich noch bei Mercedes gearbeitet hatte. Schon nach den 1,9 Kilometern Schwimmen saß ich total erschöpft in der Wechselzone und dachte nur: Oh-oh, was ist mit mir los? Bin ich krank? Aber es war kein Virus, der mich umgehauen hatte, es waren der fehlende Schlaf, der ständige Stress und das langsame Hohldrehen in den letzten Monaten. Dieser Triathlon brachte mich zum Nachdenken. Das war ein Warnsignal, so konnte es nicht weitergehen.

Knapp ein Jahr nach meinem Arbeitsbeginn in Kapstadt fasste ich dann einen Entschluss. Ich würde die Lage auf der Arbeit mit meinen Mitteln und den mir zur Verfügung stehenden Ressourcen nicht verändern können. Ich machte mich kaputt und riskierte, wenn ich so weitermachte, einen Burn-out. Ich informierte meinen Chef über meine Kündigungsabsichten, die er wenig erfreut hinnehmen musste. In den vier Wochen, die gemäß Kündigungsfrist verblieben, regelte ich meine Nachfolge und Ende Mai 2015 hatte ich nach nur einem Jahr meinen finalen Arbeitstag. Beim letztmaligen Verlassen des Werksgeländes fühlte ich eine tiefe Erleichterung. Tonnen von Lasten fielen von meinen Schultern. Hinter mir lag ein Jahr, in dem ich mich bei der Arbeit immer als Fremdkörper gefühlt hatte. Es passte einfach nicht: der deutsche Manager im französischen Unternehmen; der bei einem Erstausrüster (OEM) sozialisierte Teamplayer bei einem krisengeschüttelten Zulieferer; der Stratege im Firefighting-Modus. Damals empfand ich die Entscheidung, das Unternehmen nach nur einem Jahr zu verlassen, als persönliche Niederlage. Das beschäftigte mich sehr, denn es war mir noch nie passiert, dass ich es nicht schaffte, eine berufliche Situation nachhaltig unter Kontrolle zu bekommen. Ich war in dieser Situation überzeugt davon: Das war ein richtiger Fuck-up! Allerdings sollte es nicht bei diesem einen Fuck-up bleiben. Die Kapstadt-Zeit entwickelte sich für mich zu einem wahren Fuck-up-Feuerwerk.

Nach der Kündigung wollte ich weiterhin mit meiner südafrikanischen Familie in meiner Traumstadt Kapstadt bleiben. Meine Liebe zu der Mother City war trotz der beruflichen Erfahrungen ungetrübt. Allerdings fand ich keinen adäquaten Job. So kam die Idee auf, mich als Berater selbstständig zu machen. Ich führte einige Gespräche mit Führungskräften aus meinem südafrikanischen Netzwerk über potenzielle Beratungsaufträge. Drei davon waren vielversprechend und ich erhoffte mir zumindest ein bis zwei Aufträge aus den laufenden Akquisegesprächen. Diese Aufträge würden mir die erforderlichen Einnahmen bringen, um meine Familie zu versorgen. Doch dann kamen die Tage der Entscheidung – und der Ernüchterung. Ein potenzieller Kunde nach dem anderen sagte mir innerhalb von wenigen Tagen ab. Ich war sehr enttäuscht darüber, dass die vielversprechenden Gespräche allesamt nicht zum Erfolg führten. Ich hatte in meinem Fachgebiet doch so viel Expertise und die Gespräche hatten gezeigt, dass die potenziellen Kunden genau diese Expertise dringend benötigten hätten! Tja, hätten! Wie sagt der Radsportler? Hätte, hätte Fahrradkette. Dass es trotz des vorhandenen Bedarfs zu diesen Absagen kam, ergab für mich zu dem Zeitpunkt absolut keinen Sinn.

Mithilfe meiner Superpower, der Reflexion, erkannte ich später, warum die vielversprechenden Gespräche nicht zum Erfolg geführt hatten. Ich hatte einfach mit den falschen Leuten gesprochen! Meine sämtlichen Kontakte waren aus dem mittleren Management. Es waren eben nicht die finalen Entscheider, mit denen ich so gute und lösungsorientierte Gespräche geführt hatte. Für die finale Entscheidung mussten meine Gesprächspartner jeweils noch mit ihren Chefs sprechen, und bei diesen entscheidenden Gesprächen war ich nicht dabei. So hatte ich keine Möglichkeit, die Entscheider selbst für meine Konzepte zu begeistern und von meinen Lösungsansätzen zu überzeugen. Und meinen Kontaktpersonen war das ganz offensichtlich nicht gelungen. Damit scheiterte auch der zweite Versuch, mich in Südafrika selbstständig zu machen. Das war mein Kapstadt-Fuck-up Nummer zwei.

Über den dritten Fuck-up meiner Zeit in Kapstadt habe ich schon berichtet. Es war die finale Liquidation unseres Einzelhandelsgeschäfts Ayoba Trends in East London. Diese Geschäftsaufgabe war eine weitere bittere Zutat zu einem deprimierenden Gefühlsmix, der sich in dieser Lebensphase zusammenbraute.

Nach einigen Monaten ohne Job und weitere Einnahmen sowie aufgrund der teuren Liquidation von Ayoba Trends gingen meine Geldreserven zu Ende. Ich musste eine Entscheidung treffen. Diese lag für mich auf der Hand, denn ich musste wieder regelmäßig Geld verdienen. In Deutschland war die Arbeitsmarktlage zu dieser Zeit extrem gut. Erste Bewerbungen, die ich aus Südafrika versendet hatte, waren vielversprechend. Mein Lebenslauf und meine Expertise schienen Interesse zu wecken. Ich nutzte eine einwöchige Deutschlandreise, die ich wegen einer Familienfeier geplant hatte, auch beruflich und führte verschiedene

Bewerbungsgespräche. Mit Erfolg, wie sich zeigte, denn nach diversen Interviews erhielt ich konkrete Jobangebote von einem führenden Online-Händler, einem Beratungsunternehmen und auch von Mercedes. Da meine Ex-Kollegen mich allerdings gleich nach China weiterschicken wollten, lehnte ich das Angebot von Mercedes ab. Es sollte für mich auf jeden Fall nach Deutschland gehen, um wieder näher bei meiner dortigen Familie zu sein. Das positive Feedback des Arbeitsmarktes tat mir nach den vielen Niederlagen richtig gut. So lag die Entscheidung nahe, meinen zweiten Südafrika-Aufenthalt nach vier Jahren zu beenden und wieder nach Deutschland zurückzukehren.

Wo war ich stehen geblieben? Ach ja, ich saß ja noch auf der Bank neben meiner Lieblingstankstelle auf der schönsten Radrunde unseres Planeten und dachte über meine zu Ende gehende Zeit in Kapstadt und Südafrika nach. Plötzlich klingelte mein Handy. Hastig nahm ich das Telefon aus der Rückentasche meines Radtrikots, denn ich erwartete einen wichtigen Anruf. Und tatsächlich, die angezeigte Telefonnummer war eine Nummer aus Deutschland. Ich nahm den Anruf entgegen. „Hallo, hier ist Tom", sagte ich. „Guten Tag, ich bin Frau Adam von Audi. Ich wollte Ihnen mitteilen, dass Ihr Bewerbungsgespräch bei uns in Neckarsulm erfolgreich war und der Betriebsrat Ihrer Einstellung final zugestimmt hat." Wow, dachte ich, das ist die Chance, ein zweites Mal bei diesem tollen Arbeitgeber einzusteigen! „Super! Das freut mich sehr!", gab ich freudig zurück. Frau Adam dämpfte meine Euphorie etwas: „Allerdings gibt es noch ein Problem. Da sie bei uns als Senior Manager einsteigen, müssen Sie gemäß HR-Regularien noch ein Einzel-Assessment-Center absolvieren." Oh nein, nicht schon wieder, dachte ich. Aber es war natürlich nicht sinnvoll und zielführend, in diesem Gespräch über die Sinnhaftigkeit von Assessment-Centern zu diskutieren. Es war, wie es war, also sagte ich: „In Ordnung, Frau Adam, ich bin zuversichtlich, dass ich das schaffen werde. Wann soll es denn losgehen?" „Aus unserer Sicht schnellstmöglich. Nun steht aber erst mal die Weihnachtszeit an. Würde Ihnen die zweite Woche im Januar passen?" „Klar, kein Problem, ich komme dann nach Deutschland." „Schön! Ich werde Sie über die Details informieren, sobald diese feststehen." Wir wünschten uns gegenseitig eine schöne Weihnachtszeit und einen guten Jahreswechsel und beendeten das Gespräch.

Na großartig, dachte ich nach dem Telefonat. Wieder so ein Assessment-Center! Doch die Chance, ein zweites Mal bei Audi einzusteigen, war sehr verlockend. Und wenn es nicht klappen sollte, hatte ich ja noch zwei weitere konkrete und spannende Vertragsangebote auf dem Tisch. Ich würde also ohne großen Druck in das Assessment-Center reingehen können. Und außerdem wusste ich ja inzwischen sehr genau, wie so etwas funktionierte, und ich hatte die letzten alle bestanden. Was sollte also schiefgehen! Gut gelaunt stieg ich wieder aufs Rad und setzte zum vorerst letzten Mal meine Lieblingsrunde fort.

Auch wenn ich dank der Jobangebote positiven Aufwind bekommen hatte, war meine Achterbahn der Gefühle noch nicht beendet. Denn es gab noch ein viertes und fünftes Fuck-up in Kapstadt. Als ich im Januar wieder nach Deutschland ging, entschloss sich meine zweite Frau Naledi dazu, mit Lathita in Südafrika zu bleiben. Sie wollte ein weiteres Projekt der Selbstständigkeit angehen, doch das war nicht der einzige Grund. Wir hatten uns zunehmend auseinandergelebt. Wir lebten eigentlich nur noch nebeneinanderher und nicht mehr miteinander. In einem intensiven Gespräch kurz vor meiner Abreise beschlossen wir deshalb, nach acht Jahren gemeinsamer Zeit künftig getrennte Wege zu gehen. Offensichtlich hatte ich dieselben Fehler wie in meiner ersten Ehe wiederholt. Wir hatten zu wenig miteinander geredet und zu selten etwas zusammen unternommen. So trennten sich unsere Lebenswege. Ich ging zurück nach Deutschland und sie zog zurück nach East London. Mein Versprechen, dass ich mich um Lathita kümmern würde, war von dieser Entscheidung nicht betroffen. Allerdings beschränkte sich meine zukünftige Rolle auf Telefonate und gemeinsame Urlaubsreisen sowie die finanzielle Unterstützung für Lathitas Schul- und Berufsausbildung.

Lebensereignisse wiederholen sich offensichtlich so lange, bis wir die Gründe verstanden haben und uns ändern: Ich war nach wie vor ein Lebensvagabund, der nicht genug in seine Beziehungen investierte! Unsere vor ein paar Jahren vollzogene Hochzeit war eben doch nur eine Zweckehe gewesen, die auf Verliebtheit basierte und nicht auf einer tiefgreifenden und dauerhaften Liebe. Im Nachhinein erkannte ich, dass es bei dieser Ehe in erster Linie darum gegangen war, Naledi Sicherheit für unsere Zeit in Deutschland zu geben. Unsere Ehe war jedoch kein permanentes Visum für die Liebe.

Das fünfte und damit letzte Kapstadt-Fuck-up war recht banal. Es war ein Sportunfall. Über Weihnachten und Silvester besuchte uns meine Tochter Lina mit ihrem damaligen Freund. Am Silvestertag spielte ich mit einigen Jungs Fußball. Da ich keine Sportschuhe zur Hand hatte, spielte ich barfuß, was sich im Nachhinein als keine gute Idee herausstellte. Was soll ich sagen: Kurz vor dem Ende des Spiels spürte ich, während ich zu einem Schuss ansetzte, unten am Knöchel einen Schlag. Seltsamerweise war in dieser Situation kein Gegenspieler in der Nähe, der mir diesen Schlag hätte versetzen können. Irgendetwas stimmte nicht mit dem Fuß, denn ich konnte nicht mehr richtig auftreten. Meine Vermutung war, dass ich mir die Bänder gedehnt hatte. Der Fuß schwoll schnell an, sodass das Fußballspiel für mich leider beendet war. Ich humpelte zurück zu unserem Haus und kühlte den Fuß, was die Schwellung langsam zurückgehen ließ. Super, dachte ich, das ist bestimmt nichts Schlimmes. Ich musste zwar auch die nächsten Tage weiterhin humpeln, aber irgendwie redete ich mir jeden Morgen ein, dass es schon etwas besser geworden sei. Und dann stand der Flug nach Deutschland zum Assessment-Center bei Audi an. Die Reise war etwas beschwerlich. Beim Umsteigen in Paris musste ich vom internationalen Bereich des Flughafens Charles de Gaulle zum EU-Bereich für meinen Weiterflug nach Stuttgart wechseln. Ich benötigte eine halbe Ewigkeit für die Strecke zwischen meinen beiden Flügen. Gott sei Dank hatte ich in Paris einen mehrstündigen Aufenthalt.

Das Audi-Assessment-Center absolvierte ich dann immer noch humpelnd. Am selben Abend fuhr ich mit dem Auto zu meinen sehr guten Freunden Olaf und seiner Frau Rosa. Olaf hatte mir vor vielen Jahren einen Job bei Mercedes vermittelt. Bei der Begrüßung sagte Rosa verwundert: „Tom, du humpelst ja immer noch! Das mit der Verletzung beim Fußballspielen, von der du erzählt hast, ist doch schon zwei Wochen her! Das muss doch schon besser geworden sein!" Rosa war Physiotherapeutin und schaute sich meinen Fuß an. „Tom, stell dich bitte gerade hin und gehe mit beiden Beinen auf die Zehenspitzen." Das ging mit dem gesunden Bein wunderbar, nur der rechte Fuß bewegte sich nicht. Rosa schaute mich erschrocken and und sagte: „Tom, die Achillessehne ist gerissen!" „WAS!? Meinst du echt?" „Ja, ganz klar, die ist durch, du musst sofort zum Arzt!" Am nächsten Morgen, es war ein Freitag, saß ich in einer orthopädischen Klinik in der Nähe von Stuttgart im Wartezimmer. Rosa hatte mir einen Termin besorgt. Der Professor war offensichtlich ein anerkannter Spezialist für Knie- und Fußgelenksverletzungen. Im Wartezimmer hingen signierte Trikots von erfolgreichen

Athleten verschiedener Sportarten wie Eishockey, Fußball und Handball. Hier bin ich richtig, dachte ich. Die Untersuchung war sehr kurz, da der Befund eindeutig und offensichtlich war. Der Arzt stellte lediglich die Frage, wie ich denn mit einer komplett durchgerissenen Achillessehne zweieinhalb Wochen durch die Gegend laufen konnte. Gute Frage!, dachte ich, hatte allerdings keine nachvollziehbare Antwort parat. Ich machte dem Professor deutlich, dass ich möglichst kurzfristig operiert werden müsse, da ich, wenn ich eine Zusage von Audi bekommen sollte, möglichst schnell wieder fit sein wollte. Dank meiner südafrikanischen privaten Krankenversicherung war das offensichtlich kein Problem. Am folgenden Montag lag ich unterm Messer. Als ich nach der OP im Krankenzimmer lag, wurden mir zwei Sachen klar. Zum einen war mein dritter Start beim Ironman 70.3 in East London Ende Januar nun final ad acta gelegt. Zum anderen dachte ich darüber nach, dass ich in der Geschichte des Recruitment bei Audi bestimmt der erste Bewerber war, der ein Assessment-Center mit einer gerissenen Achillessehne absolviert hatte. Und zwar erfolgreich absolviert hatte! Denn wenige Tage nach der OP bekam ich die finale Zusage von Audi. Mein erster Arbeitstag war vier Wochen später. Ich trat meinen neuen Job in Neckarsulm humpelnd und ausgerüstet mit einem orthopädischen Spezialschuh an.

Die eineinhalb Jahre in Kapstadt waren mit meinem Neustart in Deutschland beendet. Angesichts dessen, was in der doch recht kurzen Zeit dort geschehen war, könnte man vermuten, dass es eine wirklich schlechte Zeit in meinem Leben war. Die Phase war sicherlich anstrengend und ich durchlebte eine emotionale Achterbahnfahrt mit einigen persönlichen Tiefen. Ich war in Kapstadt definitiv die meiste Zeit außerhalb meiner Komfortzone unterwegs und fast ständig in der Stresszone. Ein solches Leben ist auf Dauer nicht gesund. Allerdings konnte ich in diesen Extremsituationen sehr viel lernen. Die Zeit in Kapstadt war deshalb für meine persönliche Entwicklung sehr hilfreich. Offensichtlich sind durchlebte Lows, kombiniert mit der Bereitschaft, zu reflektieren und zu lernen, eine gute Kombination für das persönliche Wachstum. Eine wichtige Erkenntnis aus der Reflexion meiner Zeit in Kapstadt ist vielleicht nicht besonders naheliegend und auch nicht zu ernst zu nehmen, aber sie ist sicherlich wahr:

Wenn du die Chance hast, den Ort deiner Fuck-ups zu wählen, dann wähle dein Paradies! Oder anders formuliert: Fuck up in paradise!

Mit dieser Erkenntnis komme ich auch heute noch immer wieder gerne nach Kapstadt zurück. Denn ich habe mich in die Schönheit der Natur, die freundlichen Menschen und das großartige Wetter dort verliebt.

Reflexion & Erkenntnisse:

Persönlichkeitsentwicklung:
- Die Basis für persönliches Wachstum ist Reflektieren und Lernen.
- Fehler wiederholen sich, wenn man nicht die Gründe und Muster, die zu den Fehlern führen, hinterfragt und neue Wege erkennt.
- Wenn wir aus Fehlern nicht lernen, haben wir eine Chance verpasst, besser zu werden (Beispiel: das Scheitern meiner zweiten Ehe).
- Wachstum findet außerhalb der Komfortzone statt.
- Rückschläge und Fehler sind eine großartige Möglichkeit, zu lernen und zu wachsen.

Gesundheit:
- Es macht uns krank, wenn wir uns dauerhaft in der Stresszone bewegen, ohne für ausreichend Erholungszeit zu sorgen.
- Auch Männer können zum Arzt gehen, wenn ihnen etwas fehlt! „Indianerherz kennt keinen Schmerz" ist keine nachhaltige und gesunde Einstellung.
- Sei achtsam und höre auf deinen Körper und deine Seele, sie senden dir wichtige Signale. Wenn es zu kritischen Situationen wie einem drohenden Burn-out kommt, hole dir Hilfe und versuche, rechtzeitig zu handeln. Ein Jobwechsel ist dann sicherlich eine Alternative.

Karriere:

- Es gibt sehr unterschiedliche Unternehmenskulturen. Versuche deshalb, im Bewerbungsprozess herauszufinden, ob die Kultur und die Werte eines potenziellen neuen Arbeitgebers zu dir und deinen Werten passen.
- Ein strukturiertes Onboarding ist essenziell für einen guten Start in einen neuen Job.
- Im Firefighting-Modus werden zusätzliche Ressourcen benötigt, um die Probleme nachhaltig abstellen zu können.
- Eine Silo-Kultur im Unternehmen hemmt die Problemlösung und die gemeinsame Anstrengung, große Dinge zu erschaffen.
- Wenn du, z. B. im Akquiseprozess, von den Entscheidungen anderer abhängig bist, sprich mit den Menschen, die entscheiden können! Verschwende keine Zeit mit Menschen, die anschließend zu den Entscheidern gehen müssen, um eine Entscheidung zu bekommen.

12. Heilbronn –
ein besonderes Wiedersehen

Juni 2016

Mein Sohn Matteo und ich saßen bei sonnigem Wetter auf der Terrasse einer Pizzeria und gaben unsere Bestellung auf. Die Terrasse lag direkt am Neckar und wir blickten auf das vor Kurzem neu gebaute Mara-Haus in Heilbronn, in dem ich nach der Rückkehr aus Kapstadt eine Wohnung angemietet hatte. Seitdem ich vor fünf Monaten nach Deutschland zurückgekommen war, gab es wieder viel mehr Möglichkeiten, Zeit mit meinen Kindern zu verbringen. Da sie alle in der Nähe von Heilbronn lebten, konnten wir uns auch mal spontan am Wochenende treffen und persönlich miteinander reden. Das war so schön! Ich genoss diese Zeit mit meinen Kindern. Das war sicherlich der große Vorteil meiner Entscheidung, wieder nach Deutschland zurückzukehren.

Matteo und ich unterhielten uns über den anstehenden Abschluss seiner Berufsausbildung und seine weiteren beruflichen Pläne. Die Kellnerin kam zu unserem Tisch, lachte und übergab uns die beiden bestellten Pizzen. Mmh, lecker! Ich hatte richtig Hunger und stürzte mich auf meine Pizza Diabolo. Ich war voll auf mein schmackhaftes, scharfes Essen fokussiert, als plötzlich eine weibliche Stimme hinter mir sagte: „Hallo Matteo, bist du es?" Ich sah Matteo an, ohne mich umzudrehen. Offensichtlich freute er sich, er lächelte und stand von seinem Stuhl auf, um diejenige zu begrüßen, die ihn angesprochen hatte. Ich drehte mich um. Die Frau kam mir bekannt vor, aber ich war unsicher, ob es wirklich Mila war, unsere ehemalige Nachbarin aus Neuenstadt. Das war 16 Jahre her ... und hatte sie damals nicht schwarze Haare gehabt!? Nun stand eine blonde Frau vor uns. „Ach nein! Tom, bist du zurück in Deutschland?", wandte sie sich ebenso überrascht an mich. Matteo umarmte Mila zur Begrüßung. Dasselbe tat auch ich. Ich freute mich, Mila nach so vielen Jahren wiederzusehen.

Ich hatte Mila als liebevollen Familienmenschen und tolle Sportlerin in Erinnerung, die mit ihrem südländischen Temperament und ihrem Humor oft für gute Stimmung gesorgt hatte. „Ja, ich bin seit einem halben Jahr wieder zurück in Deutschland und wohne jetzt in diesem Haus hier", sagte ich und deutete auf den neuen Gebäudekomplex. „Ich freue mich, dich wiederzusehen!" Sie antwortete: „Das ist ja schon ewig her, dass wir uns das letzte Mal gesehen haben! Matteo habe ich in den vergangenen Jahren gelegentlich wiedergesehen. Aber wir beide haben uns bestimmt schon über 15 Jahre nicht gesehen. Du hast dich gar nicht verändert!" „Das kann ich von dir nicht behaupten", antwortete ich mit einem Lächeln: „Ich habe dich fast gar nicht wiedererkannt mit deinen blonden Haaren." „Stimmt", sagte sie, „seit einem Jahr bin ich blond." „Wie geht es Stefan?", fragte ich. „Wir haben uns nach 25 Jahren getrennt und leben in Scheidung", antwortete sie nachdenklich. „Oh, das tut mir leid, sorry, dass ich nachgefragt habe." „Nein, nein, kein Problem, es ist, wie es ist ... Hm, ich werde mal wieder zu meiner Freundin rübergehen. Wir sitzen dort drüben. Ich will sie nicht zu lange allein lassen. Es freut mich, euch gesehen zu haben!" „Klar", sagte ich, „wir sehen uns bestimmt mal wieder!" Sie lachte und ging wieder von dannen. Die extra scharfe Pizza Diabolo trieb mir Schweißperlen auf die Stirn. Oder war es nicht nur die Pizza?

Einige Monate nach dem zufälligen Treffen in der Pizzeria in Heilbronn kam es zum nächsten überraschenden Wiedersehen. Und zwar bei Audi in Neckarsulm. Ich kam mit meinen Kollegen zur Mittagszeit in die Zentralkantine des Werkes. Plötzlich sah ich Mila an einem kleinen Verkaufstand stehen. Sie verkaufte dort selbst gemachten Honig. Der sogenannte Audi-Honig stammte von Bienenvölkern, die sich auf dem Werksgelände befanden. Ihr Ex-Mann und sie hatten diese Bienenvölker über Jahre gemeinsam betreut. Ich war überrascht, aber auch sehr erfreut, sie in der Kantine zu sehen. „Hallo Mila", sagte ich, „was machst du denn hier? Schön, dich zu sehen!" Sie antwortete: „Ach, ich verkaufe den Honig meines Ex-Mannes." Und flüsterte mir leise ins Ohr: „Gut fühle ich mich nicht dabei. Darf ich dich umarmen? Ich brauch jetzt etwas Echtes!" Ich schaute sie etwas überrascht an und dachte an meine Kollegen, die mit mir zum Essen gekommen waren. „Hm, klar, warum nicht", antwortete ich dann lächelnd und wir umarmten uns.

„Richtig wohl fühlst du dich bei uns in der Kantine ja nicht. Lass uns doch mal einen Kaffee trinken gehen, dann können wir uns darüber austauschen, was in den letzten Jahren so alles passiert ist." „Sehr gerne", sagte sie und ich tippte ihr meine Handynummer ins Telefon.

Unsere erste Verabredung stand noch im Zeichen des Informationsaustauschs. Zumindest hielten wir es wohl bewusst in diesem Rahmen. Wir waren beide sehr daran interessiert, was in den letzten Jahren mit uns und unseren Familien passiert war. Wobei dieser „Informationsaustausch" bei mir durchaus etwas auslöste. Ich dachte: Wow, was für eine großartige Frau! Das war mir bei den gemeinsamen Läufen vor gut 15 Jahren noch gar nicht so aufgefallen. Natürlich hatte ich sie auch damals schon attraktiv gefunden und sie als eine besondere Frau wahrgenommen, aber die Situation war eindeutig und von allen akzeptiert gewesen: Sie war verheiratet und ich war verheiratet. Keine Gedanken gingen deshalb in irgendeine andere Richtung.

Doch nun hatte sich die Situation grundlegend geändert: Wir lebten beide in Scheidung. Bei den nächsten Treffen knisterte es immer mehr, auch wenn wir uns bewusst Zeit ließen mit dem, was da kommen würde. Erst ein Jahr nach dem Treffen vor der Pizzeria wurden wir ein Paar. Wir kamen uns immer näher. Erst ein Wochenende mit Freunden am Gardasee, dann eine erste gemeinsame Urlaubsreise mit dem Cabrio durch Norditalien. Wir sprachen in dieser Kennenlernphase viel miteinander. Wir sprachen über unseren Tag und wie er verlaufen war, wie wir die eine oder andere Situation einschätzten. Wir halfen uns gegenseitig und jeder brachte seine Stärken in die beginnende Beziehung ein. Mila ihre Kreativität und Sportlichkeit, ich meine Struktur und Organisationsfähigkeit. So wurden wir zu einem außergewöhnlich guten Team, das durch tiefe Liebe zusammengeschweißt wurde. Wir verbrachten sehr viel Zeit miteinander. Unserem Hobby, dem Sport, gingen wir nun immer gemeinsam nach. Wir sprachen über unsere Zukunftspläne, die sich einander sukzessive immer mehr annäherten. Bis wir entschieden, eine gemeinsame Zukunft zu planen. Da wir möglichst viel Zeit miteinander verbringen wollten, gab ich meine Wohnung in Heilbronn auf und zog in ihr Haus auf dem Land.

Unser neuer gemeinsamer Wohnort war ein richtiges Dorf. Eine Kirche, ein Sportplatz, einige Landwirte und das obligatorische Neubaugebiet, das war's. Damals fragte ich mich, ob das gut gehen konnte – ich und Dorfleben, das waren bisher unvereinbare Gegensätze gewesen. Ich war doch ein Großstadtmensch! Innerhalb eines guten Jahres hatte ich meinen Wohnort von der Weltstadt Kapstadt über Heilbronn in ein Häusle in einem 1100-Seelen-Dorf im Schwäbischen verlagert. Im Nachhinein betrachtet war es jedoch die richtige Zeit in meinem Leben, um zur Ruhe zu kommen, und unser Dorf bot hierfür die perfekte Umgebung. Unser Haus befand sich ganz am Ende des Dorfes, weit weg von der Hauptstraße. Tagsüber war es ruhig und abends herrschte eine vollkommene Stille. Von unserer Terrasse aus schauten wir auf den nahe gelegenen Wald. Die verzweigten Waldwege waren ideal zum Spazierengehen, Joggen oder für Mountainbiking-Touren.

Die Beziehung zu Mila war von Anfang an geprägt durch unseren intensiven und offenen Austausch. Dabei sparten wir kritische Themen nicht aus, und auch Streit gab es ab und zu. Doch in den Gesprächen über die Gründe des Streits fanden wir immer wieder zueinander. Eine so intensive Beziehung, getragen von tiefer gegenseitiger Liebe, hatte ich nie zuvor erlebt. Wir verbrachten unsere Freizeit zusammen und profitierten jeweils von den Stärken des anderen. So entwickelte sich eine enge Symbiose. Die große Vertrautheit, Nähe und Leidenschaft waren für mich einmalig: Das war die Liebe, die ich immer gesucht hatte!

Damit schloss sich ein weiterer Kreis in meinem Leben. Meine ehemalige Nachbarin trat in einer ganz anderen Rolle wieder in mein Leben ein. Sie war die Liebe, die ich in meinem Leben stets gesucht hatte. Mit Mila hatte ich fortan einen Menschen an meiner Seite, mit dem ich den weiteren Lebensweg gemeinsam beschreiten wollte. Einen Menschen, mit dem ich gemeinsam wachsen konnte.

Reflexion & Erkenntnisse:

Liebe & Beziehungen:
- Nach vielen Jahren der räumlichen Trennung von den Kindern wurde mir wieder bewusst, wie wichtig die Zeit mit geliebten Menschen ist.
- Manchmal ist uns nicht bewusst, wonach wir genau suchen. Trotzdem wissen wir, dass die Suche vorbei ist, wenn wir das gefunden haben, was uns fehlte.
- Sei möglichst nett zu deinen Nachbarn, denn du weißt nie, was im Leben noch so alles passiert! ;-)

Leben und Lebensplanung:
- Irgendwann ist auch für überzeugte Großstadtmenschen der richtige Zeitpunkt gekommen, zur Ruhe zu kommen. Zumindest war das bei mir so.

Allgemeine Erkenntnisse:
- Nicht nur Pizza Diabolo erzeugt innere Wärme.

Die Suche nach dem Sinn des Lebens:
- Durch die neue und sehr enge Partnerschaft zu Mila habe ich einen für mich wichtigen Sinn meines Lebens entdeckt. Es ist die Liebe.

13. Haga Haga –
ein lebensverändernder Tag

Januar 2018

Mila und ich fuhren in unserem kleinen Mietwagen auf einer schier nicht enden wollenden Schotterstraße in Richtung unseres Ziels: ein idyllisches Urlaubsresort in Haga Haga. Seitdem wir die Hauptstraße verlassen hatten, war uns keine Menschenseele mehr begegnet. Die grenzenlose Landschaft war hügelig und die karge Vegetation bestand aus grünen Wiesen und Weiden, durch die ein leichter Wind strich. Ein paradiesischer Platz auf Erden. Die weiten Landschaften vermittelten ein Gefühl von Freiheit und Einsamkeit. Es schien der ideale Ort zu sein, um sich eine Auszeit zu nehmen und über das Leben zu philosophieren. Schon bei der Einfahrt ins Resort Miarestate sahen wir einige frei herumlaufende Tiere wie Giraffen, Zebras und Antilopen. Beim Einchecken bediente uns eine sehr freundliche Dame an der Rezeption. Mit einem Lächeln betonte sie: „Ihr könnt euch auf unserem weitläufigen Gelände frei bewegen. Keine Angst, wir haben nur friedliche wilde Tiere!"

Der erste Spaziergang durch die Anlage des Resorts führte uns auf Naturpfaden vorbei an einer Herde von afrikanischen Büffeln. Wir dachten beide an die nette Dame von der Rezeption und vertrauten voll darauf, dass ihre Aussage auch den Bullen mit den mächtigen Hörnern einschloss, der sich mit Argwohn in unsere Richtung drehte und uns genau zu beobachten schien.

Später, beim Abendessen im Restaurant, fiel uns auf, dass außer uns beiden nur eine weitere Dame zu Gast im Resort war. Ideale Voraussetzungen also, um unser für den nächsten Tag geplantes Programm ungestört durchführen zu können. Ich war schon gespannt, was Mila mit mir vorhatte. Sie hatte angedeutet, unter anderem die Methode der Lebensreise mit mir durchführen zu wollen. Diese Methode fördert die Selbsterkenntnis, indem Lebensereignisse aus der Vergangenheit aufgeschrieben und analysiert werden. Ziel ist es, unbewusste Muster, die gegebenenfalls hemmend auf die eigene Entwicklung wirken, zu erkennen.

Mir war bewusst, dass mein Leben nach ein paar turbulenten Jahren einer Neuausrichtung bedurfte. Irgendwie fühlte ich mich orientierungslos auf dem Fluss des Lebens treiben, ziellos von einer Stromschnelle zur anderen gleitend. Das betraf berufliche wie private Lebensbereiche. So war meine familiäre Situation in den letzten Jahren aus den Fugen geraten. Dank der Liebe zu Mila stabilisierte sie sich nun langsam wieder. Meine Finanzen waren nach den erfolglosen Ausflügen in die Selbstständigkeit hingegen immer noch angespannt. Und auch das Thema Gesundheit war ausbaufähig. Ich hatte während der letzten Jahre ordentlich an Gewicht zugelegt und zu wenig Zeit gefunden, meiner Leidenschaft, dem Triathlon, nachzugehen.

Vor allem aber hatte ich mich in den letzten Jahren zu wenig um die Entwicklung meiner Persönlichkeit gekümmert! Ich hatte mir einfach viel zu wenig Zeit genommen, um gute Sachbücher zu lesen, an Seminaren teilzunehmen oder Fortbildungen zu besuchen. Kein Wunder, dass ich in dieser unausgeglichenen Lebenssituation auch im Beruf seit längerer Zeit nicht mehr vorankam! Von einem Leben, dessen verschiedene Bereiche im Einklang miteinander standen, war ich weit entfernt. Die Beschreibung „im Chaos versunken" traf eher zu, was unweigerlich einen negativen Einfluss auf mein Empfinden von Zufriedenheit und Glück haben musste.

Auch Mila hatte bei mir eine Einstellung beobachtet, die mich hemmte, weitere zielführende Schritte zu unternehmen. Zum Beispiel erkannte sie bei mir eine Genügsamkeit, die mich träge gemacht hatte. Sie sagte zu dieser Zeit häufiger einen Satz, den ich vor vielen Jahren während meiner Ausbildungszeit schon einmal gehört hatte: „Tom, in dir steckt viel mehr Talent, als du dir selbst zugestehst. Du kannst noch viel erreichen!" Mein gewohntes Understatement und der aktuell fehlende Fokus auf Ziele hatten dazu geführt, dass ich auf der Stelle trat und nicht weiterkam. Understatement?! Oder waren hier tiefergehende Muster zu erkennen, die mein Leben beeinflussten? Muster, die mir selbst nicht bewusst waren, weil sie weit in meine Vergangenheit zurückführten? Muster, die ich vielleicht sogar in meiner frühen Kindheit übernommen hatte, weil sie mir vorgelebt worden waren, oder die ich mir angeeignet hatte, um das Leben zu „managen"?

In dieser Phase meines Lebens dämmerte es mir, dass für mich die Zeit gekommen war, die nächste Ebene der Selbsterkenntnis zu erklimmen. Und da kam Milas Angebot, die Methode der Lebensreise auszuprobieren, gerade richtig. Bewusst hatten wir uns hierfür unseren ersten gemeinsamen Urlaub in meiner zweiten Heimat Südafrika ausgewählt. Weitab vom alltäglichen Stress, ohne Handy, ohne Social Media. Es war die richtige Zeit und Haga Haga war der perfekte Ort für meine Lebensreise, deren Ergebnis die Basis für meinen weiteren Lebensweg sein sollte.

Am nächsten Morgen wachte ich mit einer Mischung aus Vorfreude, Spannung und Ungewissheit auf. Ich lag noch schlaftrunken im Bett, als Mila mich plötzlich am Arm zog und aufgeregt zum Fenster zeigte. Direkt vor unserem Apartment waren einige Giraffen zu sehen, die Blätter von den Bäumen fraßen. Mila und ich stürzten zur Tür und öffneten sie vorsichtig. Wir konnten ein halbes Dutzend Tiere aus nächster Nähe beobachten. Die Giraffen bewegten sich langsam durch den Garten und strahlten mit ihren majestätischen Bewegungen eine wundervolle Eleganz und Souveränität aus. Es war eine Szene voller Frieden und Freiheit und ein einmaliger Start in einen lebensverändernden Tag.

Gleich nach dem Frühstück begannen wir mit der Zeitreise in meine Vergangenheit. Dabei notierten wir auf den einzelnen Blättern einer Toilettenpapierrolle alle wichtigen Ereignisse aus meiner Kindheit und Jugend, an die ich mich erinnern konnte, und brachten sie in eine chronologische Reihenfolge. Anschließend analysierten Mila und ich diese Ereignisse und sprachen darüber, ob hier positive oder hemmende Muster zu erkennen waren. Die Frage war, ob es Muster gab, die sich in den frühen Jahren meines Lebens herausgebildet hatten und die mir bisher nicht bewusst gewesen waren. Das Ergebnis: Meine Gedankenmuster und meine Einstellung hatten teilweise durchaus hemmenden Charakter. Es gab offensichtlich Barrieren, die meine persönliche Entwicklung ausgebremst hatten, zum Beispiel das Denkmuster: „Das, was ich erreicht habe, ist genug, und so, wie ich bin, genüge ich." Auf den ersten Blick scheint dieser Gedanke nicht negativ zu sein. Allerdings hielt mich diese Grundeinstellung phasenweise davon ab, in meiner persönlichen Entwicklung voranzugehen.

Ein nächster Schritt war die Analyse meiner Stärken und Schwächen. Zu den erkannten Stärken gehörten Geduld, Flexibilität sowie die Fokussierung auf Ziele. Zu den Schwächen zählten Oberflächlichkeit und fehlendes Selbstbewusstsein. Wir erkannten dabei, dass die Grenzen zwischen Stärken und Schwächen nicht immer eindeutig sind. Eine sogenannte Schwäche kann in einigen Situationen zur Stärke werden und umgekehrt. Ich selbst hatte zum Beispiel meine eher introvertierte Grundhaltung oft als Schwäche betrachtet. Dabei wird diese Eigenschaft von vielen Menschen als sympathisch wahrgenommen. Das wiederum hatte ich oft für erfolgreiches Networking nutzen können.

Ein weiterer Schritt der Zeitreise war, dass ich mir meine ganz persönlichen Werte verdeutlichte. Aus einer Vielzahl von Karten, auf denen jeweils ein Wert beschrieben war, konnte ich die Werte, die für mich wichtig waren, auswählen und in eine Reihenfolge bringen. Meine Top-Ten-Werte waren mir teilweise bewusst, aber nicht immer präsent gewesen: Liebe, Gesundheit, Respekt, Wachstum, Herausforderung, Ehrlichkeit, Vertrauen, Ordnung, Abenteuer und Ausgeglichenheit waren die Werte, die mir am wichtigsten waren. Die Zeitreise durch mein Leben zeigte, dass ich in der Vergangenheit einige Entscheidungen getroffen hatte, die auf diesen Werten beruhten. Das waren die Entscheidungen, die ich auch in der Retrospektive als richtig ansah. Andere Entscheidungen waren eher konträr zu den Werten, wie zum Beispiel die Eheschließung mit Naledi, die eben nicht auf dauerhafter Liebe beruhte. Spätestens als mir das noch während der Beziehung klar geworden war, widersprach die Beziehung meinen Werten von Liebe und Vertrauen. Zu dieser Zeit begann eine Phase, in der ich mich in meinem Leben nicht mehr wohlfühlte. Im Nachhinein kann ich diese Phase auch als wertelos bezeichnen beziehungsweise als nicht authentisch. Ich hätte viel früher reagieren und unsere damalige Beziehung kritisch betrachten müssen.

Die letzten Schritte des Coachingtages betrafen die Definition von Zielen und deren Dokumentation mit verbindlicher Unterschrift. Die Ziele umfassten die unterschiedlichen Lebensbereiche wie Gesundheit, Privatleben und Berufsleben. Das Ziel im Lebensbereich Gesundheit war klar: Mila und ich wollten zusammen wieder mehr Sport treiben sowie bewusster und gesünder essen. In der Freizeit wollten wir uns außerdem bewusst Zeit für gemeinsame Aktivitäten nehmen. Der Besuch eines Rolling-Stones-Konzerts, verschiedene Theateraufführungen sowie Museumsausstellungen standen auf unserer To-do-Liste. Auch in den Bereichen Finanzen und Persönlichkeitsentwicklung hatte ich mir neue Ziele gesetzt. Mit Blick auf Beruf und Karriere wurde ich dann sehr konkret: Ich beschrieb mein Ziel detailliert und legte dafür einen möglichen Ort und einen Zeitraum fest. Ich wollte innerhalb von etwa eineinhalb Jahren die nächste Hierarchieebene in meinem Unternehmen erreichen und zum Direktor oder Bereichsleiter aufsteigen. Außerdem wollten Mila und ich gerne noch einmal in einem neuen Land leben, in eine neue Kultur eintauchen und, wenn möglich, eine neue Sprache lernen. Das Ziel, ins Ausland zu gehen, hatten Mila und ich intensiv diskutiert und dann gemeinsam auf unsere Liste gesetzt. Es war für mich wichtig, dass wir solche Ziele, die große Veränderungen für unser Leben bedeuten würden, gemeinsam festlegten. Denn eins war klar, ich würde solche neuen Wege nur gemeinsam mit Mila gehen.

Am Ende des Tages war ich zwar ausgelaugt von den vielen intensiven und offenen Gesprächen, aber auch glücklich und zufrieden, einiges von mir selbst erkannt zu haben. Endlich hatte ich mir wieder Ziele gesetzt, die mich motivierten, mich aus meiner Lethargie herauszubewegen. Das Schönste an diesem Coachingtag war, dass es zwar sehr viel um meine Selbsterkenntnis ging, wir beim letzten Schritt aber gemeinsame Ziele definiert hatten, die für uns beide stimmig waren und mit denen wir uns beide identifizierten. Das war für mich ein großartiges Zeichen für unsere gemeinsame Zukunft und den vor uns liegenden Lebensweg. Denn in einer Beziehung sollten die Wege beider zueinander passen. Das zumindest zeigte meine bisherige Lebenserfahrung.

Wie sich später herausstellte, war dieser Tag sehr wichtig für unser weiteres Leben. Wir hatten Klarheit gewonnen über unsere Wünsche und Ziele für unsere gemeinsame Zukunft. Damit hatten wir ein Ruder in der Hand, mit dem wir in der Lage waren, unser Floß auf dem Fluss des Lebens gezielt zu steuern.

 Reflexion & Erkenntnisse:

Persönlichkeitsentwicklung:

- Es muss nicht Haga Haga sein; es gibt unendlich viele andere schöne und ruhige Orte auf dieser Welt, an denen du deine Reise zu dir selbst durchführen kannst. Aber nimm dir ausreichend Zeit für diese Reise.
- Die Vergangenheit ist unsere Lehre. Wir sollten sie nutzen.
- Erst wenn wir uns selbst kennen, können wir wachsen

und unsere Persönlichkeit weiterentwickeln, denn Selbsterkenntnis ist die Nulllinie und der Startpunkt für unseren anstehenden Weg.

- Selbstkenntnis ist die Basis für unser Selbstbewusstsein.
- Der Prozess der Selbsterkenntnis kann in dir schlummernde und vielleicht auch schmerzhafte Dinge aus der Vergangenheit zutage bringen.
- Uns bewusste Stärken können wir nutzen und an uns bewussten Schwächen können wir arbeiten.
- Schwächen können auch Stärken sein und Stärken zu Schwächen werden.
- Limitierende Muster, Glaubenssätze, Ängste oder andere Widerstände müssen aufgelöst werden, um Wachstum zu ermöglichen.
- Sei achtsam und feinfühlig im Umgang mit dir selbst und nimm dir die Zeit, dich selbst zu erkennen.
- Wenn du dein Leben verändern willst, musst du zuerst dich verändern.
- Ein glückliches Leben basiert auf einer positiven Resonanz zwischen den einzelnen Lebensbereichen.
- Sei dir deiner Werte bewusst, denn sie sind unser Kompass im Leben und die Grundlage für Authentizität. Sie können sich im Verlauf des Lebens verändern, zum Beispiel durch Gamechanger-Events.
- An dem Tag in Haga Haga war Mila mein Coach. Sie hat mich mit einer zielführenden Methode in meinem Prozess der Selbsterkenntnis unterstützt. Es ist wie bei jedem erfolgreichen Sportler: Coaches helfen uns mit ihrer Methodenkenntnis und ihren Erfahrungen, mehr aus uns herauszuholen.

- Nicht nur heute, sondern jeder Tag ist der richtige Tag, um dein Leben zu gestalten.

Liebe & Beziehung:
- In einer Partnerschaft sind gemeinsam abgestimmte Ziele und ein gemeinsamer Weg eine wichtige Basis für eine vertrauensvolle Beziehung.

---

14. Neckarsulm – das Meeting

Mai 2018

Ich saß in einem nüchtern eingerichteten, fensterlosen Sitzungsraum im Werk Neckarsulm, der von uns etwas lieblos „das Aquarium" genannt wurde. Außer mir nahmen mein Chef und meine Senior-Management-Kollegen an dem Meeting teil. In dieser wöchentlichen Runde wurden die neuesten Aktivitäten und Geschehnisse im Unternehmen berichtet. Ich hörte meinem Chef etwas gelangweilt zu, da der Neuigkeitsfaktor seiner Ausführungen eher gering war. Ganz am Schluss kam er jedoch auf ein Thema zu sprechen, bei dem ich plötzlich hellwach wurde. „Und zum Schluss noch ein Personalthema. Eine interessante Stelle in unserem Werk in Mexiko wird frei. Es wird schon seit längerer Zeit ein Nachfolger für den im nächsten Monat nach Deutschland zurückkehrenden Logistikleiter gesucht. Bisher wurde niemand gefunden, der nach Mexiko gehen will und die Stelle ausfüllen kann."

Moment mal, dachte ich. Was stand auf meinem Zettel, den ich in Haga Haga erstellt und unterschrieben hatte? Ein neues Land, eine neue Kultur, eine neue Sprache und eine Hierarchiestufe nach oben: Alles passte auf die frei werdende Stelle in Mexiko! Mein Puls fing an, schneller zu schlagen: War das vielleicht die Chance, meinen nächsten Karriereschritt zu gehen? Die Gelegenheit, das mit Mila abgesprochene gemeinsame Ziel, ins Ausland zu gehen, zu realisieren?

Abends kam ich aufgeregt nach Hause. Mila hatte schon das Abendessen vorbereitet und wir setzten uns an den Esstisch im Wohnzimmer. „Wie war dein Tag?", fragte sie mich und leitete damit unseren zur festen Gewohnheit gewordenen Austausch ein. „Sehr interessant!", sagte ich und schaute sie an. „Du weißt doch, was wir in Haga Haga besprochen haben. Was ich gerne beruflich erreichen möchte und dass wir gerne zusammen ins Ausland gehen wollen." „Ja, klar, aber warum fragst du?" „Sie suchen einen Logistikleiter in unserem Werk in Mexiko." „Echt?", fragte sie überrascht zurück. „Ja, und ich habe mich während des Tages über die Stelle informiert. Der Logistikleiter berichtet direkt an den CEO von Audi Mexiko und leitet über 1000 Mitarbeitende. Ein Viertel davon arbeitet im Büro und der Großteil sind operative Logistiker, die in den Logistik- und Produktionshallen tätig sind. Die Budgetverantwortung liegt bei mehreren Hundert Millionen US-Dollar pro Jahr. Es ist eine Direktorenstelle mit sechs direkt berichtenden Senior Managern und einem Stab an direkt zugeordneten Kollegen." „Das hört sich wirklich nach dem von dir angestrebten Karriereschritt an. Kannst du mir noch mehr über die Stelle sagen, was wäre dein Verantwortungsbereich? Was macht so ein Logistikleiter überhaupt?", fragte Mila.

„Der Verantwortungsbereich des Direktors deckt den kompletten Bereich der Logistik ab. Die Inbound-Abteilung ist für die Bestellung und Anlieferung der für die Produktion unserer Fahrzeuge erforderlichen

Bauteile von mehreren Hundert Lieferanten verantwortlich. Hierzu ist ein weltweites Netzwerk von
Lieferanten und Dienstleistern zu managen. Die Abteilung Inhouse-Logistik übernimmt im Produktionswerk täglich mehrere Tausend Ladungsträger mit Bau-
teilen, die in den großen Lagerhallen zwischengela-
gert werden. Just in time werden die Bauteile dann in
die Produktionsbereiche transportiert, um dort ohne
Unterbrechung Fahrzeuge fertigen zu können. Die
leeren Behälter gehen dann an die vielen verschiedenen Lieferanten zurück. Die Abteilung Fertigungs-
steuerung ist dafür verantwortlich, dass die Aufträge
der Kunden, die über die Vertriebsorganisation indi-
viduell konfigurierte Fahrzeuge bestellt haben, wie
gewünscht umgesetzt werden. Die Fertigfahrzeuge
werden dann per Bahn, LKW und Schiff an die Kunden verschickt, und zwar weltweit in mehr als 100
verschiedene Länder. Neben den Modullieferanten
werden auch der Karosseriebau, die Lackierung sowie
die Endmontage von der Logistik gesteuert. Zusätzlich
gibt es noch eine Logistikplanung und eine Vorserien-
logistik, die sich um die Integration von zukünftigen
Fahrzeugmodellen in das Werk kümmern. Außerdem
werden Ersatzteile für den After-Sales-Bereich verpackt und versendet sowie Bauteile von nordameri-
kanischen Lieferanten für ein Werk in China."

„Wow. Das ist echt ein breiter Blumenstrauß an Verantwortung. Wie fühlst du dich damit?", fragte Mila.
„Ich habe schon Respekt vor einer solchen Aufgabe,
aber es ist genau die Stelle, die ich mir für meinen

nächsten Karriereschritt vorstellen kann. Ich werde viel Neues lernen können." „Das glaube ich auch", meinte Mila, „und ich bin mir sicher, dass du diese Herausforderung meistern wirst! Und Mexiko? Es soll dort sehr schön sein! Also warum nicht? Ich könnte mir das gut vorstellen!" Ich freute mich sehr über Milas Zustimmung, gab aber zu bedenken: „Ich kenne den CEO nicht und er wird mich auch nicht kennen, und da ich noch nicht lange bei Audi bin, ist mein Netzwerk ins Top-Management noch nicht wirklich gut ausgebaut. Auf solche Stellen werden gerne Leute gesetzt, die man kennt und denen man es zutraut, die große Verantwortung zu übernehmen. Da ist Vitamin B, also eine gute Beziehung zu den Entscheidern, sehr hilfreich." Mila runzelte die Stirn: „Also, wir beide könnten uns einen Aufenthalt in Mexiko vorstellen, richtig?" „Richtig", antwortete ich. „Dann bewirb dich einfach und wir werden sehen, was passiert!" Ich war erleichtert und freute mich über ihre Reaktion. Wir hatten zwar vor ein paar Monaten über die nächsten beruflichen Schritte gesprochen, aber nun war es schon früher als geplant konkret geworden und ich war mir nicht sicher gewesen, wie sie reagieren würde. „Okay, dann schreibe ich morgen eine E-Mail an den CEO mit meinem Lebenslauf. Und dann sehen wir, was passiert."

Angesichts der normalerweise in einem deutschen Industrieunternehmen herrschenden Verhältnisse kann man davon sprechen, dass sich die Ereignisse in den nächsten Tagen überschlugen. Offensichtlich war sehr viel Druck auf dem Kessel, nach einer längeren Periode der erfolglosen Suche nun endlich einen geeigneten Kandidaten für diese wichtige Stelle zu finden. Am nächsten Morgen schickte ich die E-Mail an den CEO. Und schon am Folgetag wurde von ihm ein Online-Bewerbungsgespräch mit mir und der Personalleiterin von Audi Mexiko angesetzt. Das Gespräch lief hervorragend. Der CEO und ich waren sofort auf einer Wellenlänge. Ich hatte im Gespräch für jedes seiner Probleme einen Lösungsansatz parat und wir hatten sehr ähnliche Ansichten, wie sich das Unternehmen Audi Mexiko und dessen Logistik in Zukunft entwickeln sollten. Am Ende sagte er in seiner entscheidungsfreudigen Art, die ich später schätzen lernte: „Also, ich führe diese Woche noch drei weitere Gespräche mit Kandidaten. Dann treffe ich kurzfristig eine Entscheidung und werde Freitagabend alle telefonisch über das Ergebnis informieren." Cool, dachte ich, das geht schnell und die Zeit der Ungewissheit ist kurz.

An diesem Freitag waren Mila und ich mit unserer großen Schar an Kindern, die zum Teil von ihren Partnern begleitet wurden, zum Essen bei unserem Lieblingsitaliener verabredet. Wir nahmen gerade Platz, als mein Geschäftshandy klingelte. Ich schaute aufs Display und sah eine mir nicht bekannte Nummer, beginnend mit der internationalen Vorwahl + 52. Mexiko! Ich nahm Milas Hand und sagte leise: „Ich muss kurz raus." Sie ahnte, worum es ging, und nickte mir zu. Vor der Tür des Restaurants nahm ich das

Telefonat entgegen. „Hallo Tom", begrüßte mich der CEO von Audi Mexiko am anderen Ende der Leitung. „Ich wollte mich ja heute bei dir melden. Ich mach es kurz: Du hast den Job!" „Echt!", antwortete ich. „Ja! Unser Gespräch war super und ich freue mich darauf, dass du bald ein Teil meines Teams hier in Mexiko bist!" Mein Herz sprang vor Freude. „Ich brauche dich schnellstmöglich hier und werde am Montag mit deinem Chef sprechen, um den Starttermin zu vereinbaren. Mein Ziel ist, dass du im August schon hier bist!" „August!?", sagte ich, „das ist bald, aber für mich kein Problem, wir sind flexibel." „Okay, gut zu hören, jetzt kannst du etwas feiern und ich melde mich wieder nach dem Gespräch mit deinem Chef. Ich wünsche dir und deiner Familie ein schönes Wochenende!" „Danke für diese großartige Nachricht; das wünsche ich dir auch! Ich freue mich darauf, mit dir und den Kollegen in Mexiko zusammenzuarbeiten. Und übrigens stehe ich gerade vor einem Restaurant und kann gleich mit meiner Familie anstoßen!" „Na dann Salud!", lachte mein Gesprächspartner und wir legten auf.

Am Tisch angekommen nickte ich Mila zu, lächelte und flüsterte ihr ins Ohr: „Ich habe die Stelle, wir gehen für drei Jahre nach Mexiko!" Sie lachte mich an und nahm mich in den Arm. Da die ganze Familie anwesend war, war es der perfekte Zeitpunkt, um unsere Kinder über die neuesten Entwicklungen zu informieren. Sie waren zwar überrascht, kannten ihren Vater und Stiefvater aber bereits als Lebensvagabund, den schnell das Fernweh heimsuchte. Nach einigen Momenten der Verblüffung war die einhellige Meinung, dass sie sich auf die anstehenden Mexiko-Urlaube freuten. Die Aussicht auf einen Besuch in Cancún in der Karibik von Mexiko mit ihren weißen Stränden und dem türkisfarbenen Meer schien überaus attraktiv zu sein. Der perfekte Moment also, mit einem Prosecco auf die gute Nachricht und die Zukunft anzustoßen! Salud!

Der Tag im südafrikanischen Haga Haga hatte im Nachhinein einen großen Einfluss auf Milas und mein Leben. Ein neues Abenteuer in einem fremden Land in Lateinamerika stand an. Neue Erfahrungen und neue Eindrücke würden uns die Möglichkeit geben, persönlich zu wachsen. Mila und ich freuten uns darauf – und auf die gemeinsamen Urlaube mit unseren Kindern in Cancún.

 Reflexion & Erkenntnisse:

Leben & Lebensplanung:
- Das Erstellen eines Lebensplan ist wie das Öffnen unserer Augen, plötzlich sehen wir die Chancen, die auf uns zukommen, und können sie bewusst nutzen.
- Wenn wir wissen, was wir wollen, können wir in wichtigen Gesprächen wie z. B. einem Bewerbungsgespräch klar kommunizieren und uns eindeutig positionieren. Das überzeugt die Gesprächspartner.
- Das Meeting in Neckarsulm war einer dieser Zeitpunkte, bei denen Zufall auf Bereitschaft trifft.

- Wichtige Entscheidungen, die einen großen Einfluss auf Partner und Familie haben, sollten vorab gemeinsam besprochen werden und es sollte eine gemeinsame Entscheidung über den gemeinsamen Lebensweg getroffen werden.
- Es lohnt sich, auch Dinge anzugehen, bei denen es nicht sicher ist, ob sie funktionieren werden. So können wir uns später nicht vorwerfen, es nicht versucht zu haben.

Allgemeine Erkenntnisse:
- Wiederholung von Ereignissen: Dieses Mal war der anstehende Auslandsaufenthalt keine Flucht, sondern ein wohlüberlegter und mit der Partnerin gemeinsam geplanter Schritt.
- Vitamin B ist zwar oft hilfreich, aber nicht grundsätzlich erforderlich, um wichtige Entscheidungen im eigenen Interesse zu beeinflussen.

---

15. Michoacán –
die Seelen kehren zurück

Auf der Bucketlist unseres Mexiko-Aufenthalts standen neben einem Cancún-Urlaub mit unseren Kindern noch eine Vielzahl anderer Dinge, die wir unbedingt erleben wollten. Drei dieser Aktivitäten packten wir in ein verlängertes Wochenende. So fuhren wir an einem Freitag zunächst von unserem Haus in Puebla in die 160 Kilometer entfernte antike Stadt Teotihuacán, die sich in der Nähe von Mexico City befindet. Dort besuchten wir die beeindruckende Sonnen- und Mondpyramide. Der Bau der Sonnenpyramide begann 100 n. Chr. und sie ist eine der größten Pyramiden der Welt. Die Mondpyramide ist etwas kleiner und der gesamte Komplex war über mehrere Jahrhunderte hinweg ein bedeutendes religiöses und kulturelles Zentrum der präkolumbischen Zivilisation Mexikos.

Nach diesem beeindruckenden Erlebnis fuhren wir am Samstag weiter nach Valle de Bravo: ein beschaulicher kleiner Ort, den wir als Zwischenstation auf dem Weg in das Hochland von Michoacán nutzten. In den Wäldern von Michoacán wollten wir die Monarchfalter beobachten, die von November bis März in Mexiko ihren Winterschlaf verbringen.

Sonntag früh ging es für uns gleich nach dem Frühstück von Valle de Bravo weiter nach Piedra Herrada in das Biosphärenschutzgebiet Santuario de la Mariposa Monarca. Dieses Schutzgebiet steht seit 2008 auf der Liste des UNESCO-Weltnaturerbes für schützenswerte Regionen. Wir kamen nach einer kurzen Autofahrt auf dem Parkplatz des Schutzgebietes an. Die Gegend zeichnet sich durch eine sehr grüne Landschaft mit vielen Wäldern aus. Fast wie im Schwarzwald, dachte ich. Wir stiegen aus und sahen uns nach unserem Guide um, der uns das Schmetterlingsgebiet in den Wäldern von Piedro Herrada zeigen sollte. Ein Mexikaner mit Hut steuerte mit gemütlichen Schritten auf uns zu. Er sprach uns auf Englisch an: „Buenos días! Ich bin Paco, seid ihr Mila und Tom?" „Ja", antwortete ich, „schön, dass wir uns so schnell gefunden haben!" „Ich hoffe, ihr hattet einen schönen Aufenthalt in Valle de Bravo", sagte Paco. Er war um die 40, ein typischer mexikanischer Mann, mittelgroß mit dunklen Haaren. Seine Haut war von vielen Sonnenstunden in der Natur braun gebrannt und er sprach ein ausgezeichnetes Englisch. „Ja", meinte Mila, „Valle de Bravo ist ein schönes Städtchen. Und jetzt freuen wir uns auf die Zeit mit dir, Paco!" Paco lächelte: „Bueno, dann lasst uns losgehen. Wir haben einen Fußmarsch von einer Stunde vor uns. Wir gehen in diese Richtung zu den Wäldern." Er zeigte in Richtung eines kleinen Trampelpfads, der in den Wald führte. „Es geht immer leicht bergauf bis zu den Waldgebieten, wo sich die Monarchfalter befinden. Das ist auf ungefähr 3500 Metern Höhe. Für euch Touristen ist die dünne Luft oft beschwerlich, deswegen gehen wir langsam." In einem gemütlichen Tempo gingen wir los. Wir waren nicht die Einzigen, die sich das Naturschauspiel anschauen wollten. Es waren noch einige Dutzend Menschen auf dem Parkplatz, die sich nach und nach ebenfalls auf den Weg in den Wald machten. Einige ließen sich von Eseln tragen. Wir hatten uns dafür entschieden, zu Fuß zu gehen. Wir folgten Paco, der uns fragte: „Was wisst ihr über die fantastische Geschichte der Monarchfalter?" „Eigentlich nicht viel", gestand ich, „nur dass es ein unglaubliches Naturschauspiel sein soll, die Millionen von Monarchfaltern hier zu beobachten." „Okay", meinte Paco, „da gibt es noch viel mehr zu erzählen. Wenn ihr wollt, erkläre ich euch den einzigartigen Kreislauf des Lebens der Monarchfalter." Mila stimmte sofort begeistert zu: „Danke, Paco, bitte erzähle uns von den tollen Schmetterlingen!" Unser Guide lächelte und schwieg für eine Weile.

Wir kamen zum Waldrand und folgten dem leicht ansteigenden Trampelpfad in den Wald hinein. Schließlich begann Paco zu erzählen: „Die Scharen von Monarchfaltern kommen immer am selben Tag bei uns an. Es ist immer am Día de los Muertos, dem Tag der Toten." Da wir seit September des letzten Jahres in Mexiko waren, hatten wir Anfang November die Feierlichkeiten um den Día de los Muertos bereits einmal miterlebt. Dieser wichtige mexikanische Feiertag wird jedes Jahr am ersten und zweiten November im ganzen Land begangen. Ähnlich wie an Allerheiligen werden an diesen Tagen die Verstorbenen einer

Familie geehrt. In Mexiko wird dieses Gedenken an die Toten besonders beeindruckend zelebriert. In den privaten Häusern und auf öffentlichen Plätzen werden farbenfrohe und mit Kerzen und bunten Blumen geschmückte Altäre aufgebaut. Dort werden Fotos der Verstorbenen aufgestellt. Auch Speisen und Gegenstände, die die Verstorbenen besonders mochten, zieren die Altäre. Überall im Land laufen an diesem Tag Menschen als Skelett verkleidet umher. Viele sind im Gesicht wie ein Totenkopf geschminkt und auf den Friedhöfen wird gefeiert.

„Deshalb sprechen wir Einheimischen davon, dass die Schmetterlinge die Seelen unserer Verstorbenen sind", fuhr Paco fort. „Die Falter bleiben bis März bei uns. Dann brechen sie wieder auf Richtung Norden. Und am ersten November des Folgejahres sind sie dann wieder da und fliegen in großen Schwärmen in unsere Wälder ein. Das wiederholt sich Jahr für Jahr, seit Menschengedenken." „Großartig!", sagte ich, „und sie kommen wirklich immer pünktlich am ersten November an?" Schon beim Aussprechen dieser Frage dachte ich: „Na großartig, das ist wieder eine typisch deutsche Frage!" Wobei wir Deutschen, seitdem die Deutsche Bahn auch nicht mehr pünktlich ist, doch etwas flexibler geworden sein müssten. Paco lächelte mich an ließ meine Frage charmant unbeantwortet: „Das Unglaubliche an der Geschichte ist aber das, was nach dem Abflug aus unseren Wäldern und bis zu ihrer Rückkehr nach Mexiko passiert. Denn die Monarchfalter fliegen von unserem mexikanischen Hochland

bis zu 4000 Kilometer nach Norden, bis hinter die großen Seen in Kanada." „So kleine Lebewesen können
so lange Strecken fliegen?", fragte Mila ebenso verwundert wie beeindruckt. „Ja, aber das Unglaubliche
ist, dass die Strecke von bis zu 8000 Kilometern für
den Hin- und Rückflug noch nie komplett von einem
einzelnen Falter absolviert wurde! Die Falter brauchen
mehrere Generationen, um die lange Reise zu bewältigen." „Wahnsinn!", rief Mila, „aber wie wissen sie
denn, wo sie hinmüssen, wenn sie noch nie in ihrem
Leben da waren, wo sie hinwollen?" „Das ist eine gute
Frage, Mila", sagte Paco. „Die Antwort auf deine Frage
kennt niemand. Selbst die Forscher der Top-Univer-
sitäten, die diese Wanderung der Schmetterlinge seit
Jahrzehnten erforschen, wissen nicht, warum die
Schmetterlinge immer zielgerichtet dieselben Wege
einschlagen. Es gibt Vermutungen, wie sie sich orientieren, aber warum sie immer wieder, jedes Jahr und
über Generationen hinweg dieselbe Route nehmen, ist
nicht bekannt." „Und was sind die Vermutungen, wie
sich die Schmetterlinge orientieren?", fragte ich Paco.
„Man vermutet, dass die kleinen Insekten sich am
Stand der Sonne und am Erdmagnetfeld orientieren,
aber genau weiß das niemand." „Es ist ein Wunder!"
Mila schüttelte beeindruckt den Kopf.

„Bevor ich euch über ihre lange Reise erzähle, fange
ich mit dem an, was während der Zeit passiert, wenn
sie bei uns sind. Die kleinen Schmetterlinge sind hier
im Halb-Winterschlaf. Sie essen nicht, sie paaren sich
nicht, sondern trinken nur. Da es bei uns im Winter

auch sehr kalt ist, hängen sie in dicken Trauben an unseren Oyamel-Kiefern und wärmen sich gegenseitig. Wenn die Sonne am Tag wärmer wird, fliegen sie los und begeben sich auf die Suche nach Wasser. Dann verwandeln sie unsere Wälder in ein oranges Gewimmel. Millionen von Schmetterlingen fliegen umher. Ein beeindruckendes Schauspiel, das ihr später erleben werdet. Heute ist blauer Himmel, das heißt, wenn die Sonne die Wälder wärmt, werden die Falter in Scharen durch den Wald fliegen." „Wie viele Falter kommen denn jedes Jahr hierher?", fragte ich. „Das ist jedes Jahr unterschiedlich. Die Schätzungen gehen von 50 Millionen aus. Wobei es vor vielen Jahren noch wesentlich mehr waren. Es waren früher wohl mehr als 100 Millionen. Aber die Umweltverschmutzung und die industrielle Landwirtschaft in den USA machen der Population der Schmetterlinge zu schaffen." „Das ist traurig", sagte Mila. „Stimmt", sagte ich, „aber 50 Millionen sind immer noch eine beeindruckende Anzahl."

Paco nickte zustimmend: „Und wenn es im März bei uns wärmer wird, erwachen die Falter aus ihrem Winterschlaf. Dann brauchen sie wieder Nahrung und fangen an, sich zu paaren. Da wir hier in der Gegend aber nicht ausreichend Nektar haben, fliegen sie los gen Norden mit dem Ziel Kanada, wo es ihr Leibgericht, die Seidenpflanzen, in großen Mengen gibt." „Hm, ich nehme auch lange Wege auf mich, um mein Lieblingsessen zu bekommen, aber 4000 Kilometer wären mir zu viel", philosophierte ich. Paco lachte: „Wenn man die 4000 Kilometer auf die Größe eines Menschen umrechnen würde, müsstest du im Vergleich mehrfach die Weltkugel umrunden!" „Spätestens dann bin ich raus und begnüge mich mit ein paar Tacos am nächsten Street-Food-Stand!", lachte ich. „Das kann ich nachvollziehen", meinte Paco schmunzelnd und fuhr mit seinen Erklärungen fort: „Die Schmetterlinge fliegen bis zum Rio Grande, unserem Grenzfluss zur USA. Hier finden sie nun vermehrt wieder ihre Seidenpflanzen. Diese Pflanzen sind für viele Tiere und Vögel giftig. Durch den Verzehr dieser Pflanzen und das im Körper eingelagerte Gift sind die Falter für ihre natürlichen Feinde wie zum Beispiel Vögel unverdaulich. Mit ihren auffälligen orangen Flügeln signalisieren sie ihren Feinden: Achtung, lass den Schnabel von uns, wir sind giftig! So haben die Falter fast keine natürlichen Feinde!" „Gute Taktik, und wenn es sich auch noch um ihr Leibgericht handelt, ist das natürlich eine ideale Kombination: leckeres Essen und Schutz vor Feinden", überlegte ich laut. „Genau", sagte Paco, „aber dann kommen wir zum Ende der ersten Generation. Die Falter legen in Texas ihre Eier ab und sterben. Das ist ungefähr im Mai. Wie jede Generation durchläuft auch die zweite Generation die faszinierende Metamorphose der Schmetterlinge. Dieser Prozess umfasst vier Stadien. Die weiblichen Schmetterlinge legen ihre bis zu 400 Eier bevorzugt auf Seidenpflanzen ab. Aus den Eiern schlüpfen Raupen, die sich von der Pflanze ernähren und das Gift der Pflanze aufnehmen. Dann verpuppt sich die Raupe. In dem Kokon entsteht der

Schmetterling, ein komplett neues Lebewesen. Der Prozess der Metamorphose ist für mich ein weiteres Naturwunder", unterstrich Paco. „Nach ein paar Wochen und dem vollständigen Durchlaufen der Metamorphose beginnt dann die Reise der zweiten Generation. Die Schmetterlinge leben aber nur zwei bis sechs Wochen und kommen in dieser Zeit bis in die Region von Washington D. C. Hier wiederholt sich das Geschehen von Texas. Sie paaren sich, legen Eier und sterben. Die dritte Generation schafft es in ihrer Lebenszeit von ein paar Wochen dann bis nach Kanada. Ihr wichtiges Zwischenziel für den Sommer erreichen sie ungefähr im Juli, wo sie nach dem Ablegen der Eier dann ebenfalls sterben."

„Dann brauchen sie ja sechs Generationen, bis sie wieder hier in Mexiko sind!", kalkulierte Mila. „Nein", sagte Paco. „Denn dann passiert das nächste Naturwunder. Die nächste Generation der Monarchfalter ist anders. Durch einen nicht bekannten Mechanismus verhalten sie sich anders als die Vorgängergenerationen. Man nennt sie auch Methusalem-Generation. Offensichtlich ist in ihrem genetischen Programm ein Steuerungsmechanismus hinterlegt, sodass sich diese Generation, die in Kanada schlüpft, anders verhält. Das Paarungsverhalten der Vorgängergenerationen wird hormonell unterdrückt. So werden ihre Muskeln stärker und die Flügel größer. Außerdem können sie mehr Eiweiß im Körper einlagern, sodass sie mehr Energie zur Verfügung haben. Diese Generation wird durch das veränderte Verhalten bis zu acht Monate

alt. Erst am Ende ihres Lebens paaren sie sich dann."
„Interessant! Es sind doch die gleichen Insekten und dasselbe Genmaterial? Warum sind sie so anders?", fragte ich verwundert. „Du hast recht, Tom. Es ist ein weiteres Wunder, das noch nicht erforscht ist", sagte Paco. „Gott sei Dank ist das bei Menschen nicht so mit dem längeren Leben, wenn wir das Paarungsverhalten ausschalten", fügte er lachend hinzu. „Stimmt, sonst würden Nonnen ja mehrere Hundert Jahre alt werden!", erwiderte ich verschmitzt und lachte.

Nach ein paar Augenblicken fuhr Paco fort: „Diese Methusalem-Generation leistet dann Unglaubliches: Wenn es in Kanada kühler wird, brechen die Falter wieder zu Millionen in Richtung Mexiko auf. Das geschieht ungefähr Ende August oder Anfang September. Die Super-Falter mit ihren kräftigen Flügeln nutzen starke Aufwinde für ihren Flug in Richtung Mexiko. Sie benötigen für die knapp 4000 Kilometer nur zwei Monate und legen dabei bis zu 75 Kilometer pro Tag zurück. Eine beeindruckende Strecke für solch kleine Lebewesen. Sie legen die gesamte Strecke in der Hälfte der Zeit zurück, die die drei Generationen vor ihnen für den Hinweg benötigt haben." „Wahre Super-Schmetterlinge!", meinte Mila bewundernd. „Ja, wahrhaftig, und dann kommen sie pünktlich am ersten November zum Tag der Toten im Refugium ihrer Vorfahren bei uns an."

„Das ist so wahnsinnig beeindruckend, Paco!", sagte Mila. „Ja, und unsere Monarchfalter sind die einzige Insektenart, deren Wanderzyklen sich über mehrere

Generationen erstrecken und die einen geschlossenen Kreislauf durchlaufen. Außerdem haben sie eine wichtige Funktion für die Natur: Während sie sich auf ihrer Rundreise durch Nordamerika von Nektar ernähren, bestäuben sie die Pflanzen." „Einmalig! Bewundernswert!", stimmte ich zu. „Nun bin ich gespannt darauf, sie endlich zu sehen", meinte Mila. „Wir haben es fast geschafft. Es sind nur noch wenige Schritte, bis wir zu den Waldgebieten kommen, wo sie zu Zehntausenden an den Bäume hängen und sich gegenseitig wärmen. Bald werden sie dann auch losfliegen auf der Suche nach Wasser."

Endlich standen wir vor den Bäumen mit den Tausenden von Monarchfaltern. Es herrschte absolute Ruhe im Wald. Auch wir hörten auf zu sprechen. Wir gingen an Oyamel-Kiefern vorbei, an denen die Monarchfalter traubenförmig aneinanderhingen. Wie große Säcke klebten sie an den Bäumen. Langsam wurde es im Wald durch die Sonnenstrahlen wärmer und ein Falter nach dem anderen fing an zu flattern. Es wurden immer mehr Schmetterlinge, die sich aufmachten auf der Suche nach ihrem Lebenselixier, dem Wasser. Mehr und mehr Falter erwachten zum Leben, bis der ganze Wald ein einziges oranges Meer von flatternden Schmetterlingen war. Sie waren überall. Einige der Falter setzten sich auf uns. Einer setzte sich auf meinen Schuh, ein anderer flog auf Milas Arm und ruhte sich dort kurz aus. Diese beeindruckenden Lebewesen berührten unsere Seelen. Ein Schauspiel, das ich in meinem Leben nicht mehr vergessen werde.

Die kleinen und schönen Insekten haben einen Eindruck bei uns hinterlassen, über den wir später noch oft sprachen. Seit dem Erlebnis in Michoacán und den faszinierenden Erzählungen des beeindruckenden Menschen Paco sehe ich jeden Schmetterling, der an mir vorbeiflattert, mit anderen Augen. Was sie leisten, ist ein Wunder der Natur!

 Reflexion & Erkenntnisse:

Natur & Umwelt:
- Es gibt so viele wunderbare Orte auf dieser Welt, an denen die Natur ihre Einmaligkeit zeigt.
- Die Natur und ihre Lebewesen sind ein komplexes System und sie haben die Fähigkeit, sich an sich ändernde Gegebenheiten anzupassen.
- Der Kreislauf der Natur basiert auf Geben und Nehmen. Die Monarchfalter z. B. bestäuben auf ihrer Reise die Pflanzen, die wir Menschen zum Leben benötigen.
- Durch die industrielle Landwirtschaft mit ihren Monokulturen, genveränderten Pflanzen und dem Einsatz von Pestiziden schränken wir die Lebensbasis so mancher Tier- und Insektenart ein, die dann wiederum nicht mehr ihre für uns wichtigen Dienste ausführen können. Wir sollten den Schutz der Natur stärker in den Fokus rücken.

Mindset & Werte:
- Auch wir Menschen haben die Fähigkeit, uns an sich ändernde und auch extreme Situationen anzupassen.

- Die Spezies Mensch hat die wunderbare Freiheit, ausgetretene Pfade zu verlassen. Wir können, anstatt nach Kanada zu fliegen, uns auch für andere Ziele entscheiden. Peru, Chile, Argentinien; wohin du willst! Wir Menschen haben die Freiheit, zu entscheiden. Uns steht die Welt offen!

---

16. Acapulco – Rückblick und Perspektiven

April 2021

Mila, unser Sohn Max und ich saßen morgens auf der Restaurant-Terrasse, die sich direkt neben dem großen Pool unseres Lieblingshotels Encanto in Acapulco befand. Wir waren gerade mit dem Frühstück fertig und genossen zum Abschluss einen köstlichen Cappuccino, während wir zwei Bussarde beobachteten, die über der Bucht unter unserem Hotel elegant durch die Luft glitten und nach Beute Ausschau hielten. Die Sonne schien am wolkenlosen Himmel. Im Hintergrund waren die wunderschöne Bucht von Acapulco und die blauen Weiten des Pazifiks zu sehen. Ein wahnsinnig schöner Ausblick. Mila und ich liebten dieses Hotel mit seiner modernen Architektur, den netten Angestellten, der ruhigen Lage abseits vom Stadtleben und dieser unglaublich schönen Aussicht. Wir fuhren häufiger übers Wochenende von unserem Wohnort Puebla die gut 400 Kilometer nach Acapulco, um uns dort eine kurze Auszeit vom stressigen Alltag zu gönnen. Als sich Max für einen zweiwöchigen Besuch in Mexiko ankündigte und andeutete, dass er mit uns über seine Zukunft reden wollte, war uns klar, dass wir dafür unseren Rückzugsort in Acapulco nutzen wollten.

Auf der Restaurant-Terrasse befanden sich keine

anderen Hotelgäste, sodass eine angenehme Ruhe herrschte. Nach einer Weile durchbrach Max die Stille: „Jetzt seid ihr schon zweieinhalb Jahre in Mexiko. Wie hat es euch bisher gefallen und wie soll es eigentlich bei euch weitergehen?" Eine gute Frage, dachte ich. Mila und ich hatten uns in letzter Zeit häufig darüber unterhalten und auch schon einen Entschluss gefasst. „Nach den geplanten drei Jahren werden wir unsere Zelte hier abbrechen und wieder nach Hause kommen. Es steht nur noch nicht endgültig fest, wo Tom arbeiten wird", meinte Mila. „Aber es wird irgendwo in Europa sein. Näher bei euch Kindern." „Das freut mich", meinte Max. „Dann dauert die Anreise zu euch nicht mehr so lang. Wobei ich meine Mexiko-Trips immer großartig fand!" „Ja, Mexiko ist ein sehr schönes Land mit großartigen Menschen und wir wurden auch mehrmals gefragt, ob wir unseren Aufenthalt hier nicht verlängern möchten, aber nach gemeinsamen Gesprächen über das Angebot haben wir es abgelehnt. Wir wollen zurück nach Europa!", unterstrich ich. „Deine Frage, wie es uns hier gefallen hat, ist nicht so einfach zu beantworten", fügte ich nach einer kurzen Pause hinzu. „Ich habe dir ja von unserem Tag in Haga Haga berichtet. Die Ziele, die wir uns dort gesetzt haben, und die Pläne, die wir geschmiedet haben, haben sich teilweise erfüllt. Aber eben nur teilweise. Der Job als Logistik-Direktor war eine große Herausforderung, an der ich persönlich wachsen konnte. Viele neue Erfahrungen mit immer neuen Überraschungen, auf die wir als Team schnell reagieren mussten. Hier ist einiges geschehen, das ich so aus Deutschland nicht kannte. Ich denke da an den verschwundenen LKW, der nie wieder aufgetaucht ist und der Bauteile geladen hatte, die wir dringend für die Produktion benötigten. Es gab auch einen Bauernstreik, bei dem die lokalen Landwirte unser Werk aus Protest abriegelten. Ein Erdbeben, die Vulkanausbrüche des Popocatepetl und die Hagelstürme, die unsere Fertigfahrzeuge beschädigten, sind weitere Beispiele für das, was hier alles Ungewöhnliches geschehen ist. Ein Krisenfall nach dem anderen, und dann kam auch noch die alles überschattende Coronakrise, die uns als Logistiker, die ein weltweites Netz an Lieferanten steuern müssen, vor fast unüberwindliche Probleme stellte. Mein Gott, was war das für ein Stress im letzten Jahr! Und zuallerletzt dann noch die Halbleiterkrise, die wir seit Anfang des Jahres managen müssen. Wir wissen immer nur mit dem Horizont von ein paar Tagen, welche Steuergeräte wir für die Produktion der Fahrzeuge zur Verfügung haben und ob wir überhaupt produzieren können oder aber einzelne Schichten oder ganze Tage absagen müssen." „Wow, das hört sich wirklich chaotisch an!", staunte Max. „Ja, das ist es auch, und was ich mir vorher gar nicht vorstellen konnte, ist, dass wir als Automobilwerk so flexibel sein können. Vor Corona wussten wir immer Wochen, ja sogar Monate im Voraus, was wir wann produzieren würden. Heute wissen wir zum Teil nicht, ob die Bauteile, die wir morgen brauchen, heute noch mit dem Flieger rechtzeitig angeliefert werden oder ob wir den Kollegen in der Produktion sagen müssen, dass sie zu Hause bleiben können."

„Corona in Mexiko war wirklich eine Herausforderung für uns", fügte Mila hinzu. „Wir sind ja in einem Land, dessen Sprache wir nicht so gut sprechen, in dem wir das medizinische System nicht gut einschätzen können und wo es wie überall auf der Welt Einschränkungen des täglichen Lebens gibt. Das war und ist weiterhin schwierig! Es war für uns als Paar aber auch eine Zeit, in der wir uns ganz aufeinander fokussiert haben und in der wir noch näher zusammengerückt sind. Mexiko war für uns eine intensive Zeit, die uns viel gelehrt hat", sprach mir Mila aus der Seele.

„Und in dieser komplett unvorhersehbaren Zeit konnte ich einige Ziele, die ich mir in Haga Haga vorgenommen habe, eben nicht realisieren. In den letzten Jahren lag der Fokus komplett auf dem Job und so blieb fast keine Zeit für andere Lebensbereiche. Wir konnten zum Beispiel das Land Mexiko gar nicht so intensiv kennenlernen, wie wir es uns vorgestellt hatten. Zeit zum Reisen gab es zu wenig für uns. Und was noch schlimmer ist, ich habe meinen Körper vernachlässigt. ‚No Sports' heißt es für mich schon seit über einem Jahr. Und dummerweise habe ich auf diese Weise in Mexiko fast zehn Kilo zugenommen. Ich fühle mich träge und finde meistens keine Motivation, am Wochenende joggen zu gehen." „Das ist nicht gut, Tom, du hast doch früher immer Triathlon gemacht." „Genau, das ist nicht gut", wiederholte ich, „nicht gut für den Körper und nicht gut für Geist und

Seele. Ich nehme aus unserer Mexiko-Zeit zwei ganz wichtige Erkenntnisse mit. Zum Ersten: Die Zukunft wird anders sein, als wir denken." „Hm", überlegte Max, „das hört sich banal an, aber es ist auf jeden Fall richtig!" „Genau, aber wenn wir uns das klarmachen, wissen wir auch, dass wir immer flexibel sein müssen, um auf Unvorhergesehenes schnell reagieren zu können." „Stimmt", sagte Max. „In der Schule haben wir über die sogenannte VUCA-Welt gesprochen, in der wir leben." Wir waren uns alle einig, dass das Akronym unsere heutige Zeit sehr gut beschreibt: Volatility (Unbeständigkeit), Uncertainty (Ungewissheit), Complexity (Komplexität) und Ambiguity (Mehrdeutigkeit) – genau diese Merkmale hatten unser Leben in den letzten Jahren verstärkt geprägt. „Wir können uns vor dieser VUCA-Welt nicht verstecken, denn wir leben in ihr. Wir müssen uns darauf einstellen und sie als Chance sehen und nicht als Gefahr", fügte ich hinzu und fuhr fort: „Die zweite Erkenntnis aus den letzten Jahren ist, dass wir unser Leben als Ganzes betrachten müssen. Nur so können wir glücklich werden." „Was meinst du damit?", fragte Max zurück. „Das Leben ist zum Beispiel nicht nur die Karriere und das Geld, das wir verdienen. Unser Leben ist viel mehr. Es gibt die Liebe zu anderen Menschen, die eine wichtige Grundlage für unser Glück ist. Die Liebe, die Mila und ich füreinander und gemeinsam für unsere Kinder empfinden, ist das Allerwichtigste für uns." „Und deswegen kommen wir bald zurück!", stimmte Mila freudig ein. „Zum Leben gehört außerdem auch ein gesunder

Körper, den wir mit Bewegung und gesunder Ernährung pflegen müssen, um im Gleichgewicht zu sein. Auch Hobbys wie Sport oder andere Freizeitaktivitäten, die uns dabei helfen, das Gleichgewicht zu halten, dürfen wir nicht vergessen. Und für mich ist auch das Thema Persönlichkeitsentwicklung ganz wichtig. Ich habe schon seit Monaten kein Buch angefasst, das ist echt nicht gut. Gerade in unserer VUCA-Welt mit ihren dynamischen Veränderungen und rasanten technologischen Entwicklungen kommt dem lebenslangen Lernen eine noch wichtigere Rolle zu."

Max dachte eine Weile über die Worte nach – in seinem Kopf schien es richtig zu rattern –, bevor er auf seine eigene Situation zu sprechen kam: „Genau das ist das Thema, über das ich gerade so oft nachdenke und bei dem ich nicht weiß, was ich machen soll. In ein paar Monaten werde ich mein Fachabitur in der Tasche haben. Und ich weiß, dass ich den Job als Mechaniker, den ich in einem Industrieunternehmen lerne, nicht mein ganzes Leben lang weitermachen möchte." Er zögerte einen Moment und fuhr dann fort: „Ich bin mir ziemlich sicher, dass ich sowohl die Ausbildung als auch das Fachabitur im Juni erfolgreich beenden werde. Zumindest werde ich all meine Energie dafür einsetzen, um dieses Ziel zu erreichen. Aber ich weiß nicht, was ich danach dann machen soll!"

„Hier unter der Sonne von Acapulco ist ein sehr guter Ort, um über die Zukunft nachzudenken", meinte ich und lächelte ihn aufmunternd an. Etwas verloren fragte Max: „Aber wie sollen wir das machen? Ich habe bisher keinen Weg gefunden, zu einer für mich stimmigen Lösung zu kommen und meine Zukunft zu planen." „Es ist ganz einfach", sagte ich. „Wir müssen die Quelle deiner intrinsischen Motivation finden." Max schaute mich fragend an. „Intrinsische Motivation entsteht aus deinen Leidenschaften und zeigt sich in deinen Talenten." Ich machte eine kurze Pause und fügte an: „Wir beide haben etwas gemeinsam, Max. Meine Lehre zum Elektriker vor vielen Jahren und deine Ausbildung zum Mechaniker haben wir beide jeweils nicht aus Leidenschaft gewählt, sondern aus einem Mix aus Orientierungslosigkeit und Vorgaben unseres Umfeldes sowie aus einem Sicherheitsbedürfnis heraus." „Oh, du sprichst mir aus der Seele, Tom. Ich bin froh, wenn die Ausbildung zu Ende ist." „Das wird ja bald so weit sein. Aber die drei Jahre sind keine verlorene Zeit, es war die Zeit, die du benötigt hast, um dich zu finden und dich neu zu orientieren. Und jetzt freue ich mich darauf, mit dir zusammen deine Leidenschaften zu suchen. Lass uns gleich damit anfangen! Bring deinen Laptop mit und ein paar Blätter und einen Stift, dann machen wir uns gemeinsam auf die Suche."

Wenige Minuten später saßen wir zu zweit an einem Tisch am Pool, ausgerüstet mit allem, was wir für die folgende Arbeit benötigten. Max fragte ungeduldig: „Wie sollen wir anfangen?" „Du erinnerst dich an die zwei wichtigsten Erkenntnisse aus unserem Mexiko-Aufenthalt? Die Zukunft wird anders, als wir denken, und wir müssen zum Glücklichsein alle

Lebensbereiche betrachten. Ich hatte in der schwierigen Zeit der letzten Monate einige Gespräche mit jungen Kollegen. Ich habe dir ja erzählt, dass ich bei uns in der Firma auch Mentor für den Führungskräftenachwuchs bin. Diese jungen Menschen berichten alle von der gleichen Problematik. Sie verlieren in unserer Multioptionen-Welt die Orientierung und wissen nicht mehr, was sie machen sollen. Ich habe mir viele Gedanken darüber gemacht, wie ich den Kollegen helfen und meine Lebenserfahrung einbringen kann. Ein positiver Aspekt der Coronazeit war, dass ich wegen der Ausgangssperre an den Wochenenden ausreichend Zeit hatte, darüber nachzudenken. Ich habe eine Methode entwickelt, mit der wir zu mehr Klarheit und Orientierung gelangen und uns erfolgreich verändern können. Ich nenne sie NextLoop-Life." „NextLoop!? Hört sich cool an. Erzähl mir mehr darüber!", meinte Max ungeduldig. „Der Weg der persönlichen Transformation ist gar nicht so schwierig. Es sind lediglich vier Schritte, die wir auf dem Weg zu einem glücklicheren und erfolgreicheren Leben gehen müssen. Und diese vier Schritte werden wir heute gemeinsam durchlaufen. Im ersten Schritt erstellst du deine ganzheitliche Lebensvision. Eine Vision, die aus deinem Herzen kommt und ein positives Bild deiner angestrebten Zukunft wiedergibt. Die Vision kann aus heutiger Sicht unrealistisch erscheinen. Sie kann ein Luftschloss sein. Aber denk daran: Beim Versuch, das Unmögliche zu realisieren, entsteht das Bestmögliche. Beim Erstellen deiner Vision wirst du herausfinden, was deine intrinsische Motivation und Leidenschaft ist." Max überlegte laut: „Das heißt, ich darf heute am helllichten Tag träumen?" „Ja, genau! Darum geht es im ersten Teil! Es geht um deine Träume und Wünsche, die wir besprechen und visualisieren werden. Du wirst sehen, das macht richtig Spaß!"

„Der zweite Schritt ist eine Reise zu dir selbst. Ich nenne diesen Step das Current-Me. Hier finden wir heraus, wo du heute stehst, welche Stärken und Schwächen du hast, aber auch welche Muster oder Hemmnisse es aus der Vergangenheit gibt.

Der dritte Schritt ist dann die Erstellung deiner persönlichen Roadmap. Die Roadmap beschreibt die Schritte, die du dir konkret vornimmst, um von deinem Current-Me zur Realisierung deiner Lebensvision zu kommen. Es geht bei der Roadmap also um das Handeln, ganz nach dem Motto: Machen ist wie wollen, nur viel cooler.

Der letzte Schritt des Loops ist die erfolgreiche Transformation. Es geht darum, wie du beim Machen effizient, fokussiert und erfolgreich bist und so deine Ziele der Roadmap auch wirklich erreichst. Hier gibt es einige Erfolgsfaktoren zu berücksichtigen, die du deshalb kennen solltest."

„Hm, vier Schritte, das hört sich einfach an, aber das, was du beschreibst und was wir machen wollen, ist gefühlt doch sehr intensiv, oder?" „Sicher, insbesondere wenn es um Schwächen oder hemmende Muster aus der Vergangenheit geht, kann es schon ganz schön tief gehen. Ich weiß das aus eigener Erfahrung. Wie du weißt, hat deine Mutter in Haga Haga eine Lebensreise in die Vergangenheit mit mir gemacht. Da sind mir Dinge aufgefallen, die mir nicht bewusst waren, die aber meine persönliche Entwicklung blockierten. Nachdem ich mir dies klargemacht hatte, konnte ich an den Hemmnissen arbeiten und meine Entwicklung beschleunigen. Eins ist noch wichtig zu erwähnen, Max. Ich möchte dir erklären, warum die Methode NextLoop-Life heißt. Der Name steht für die drei grundlegenden Aspekte, die essenziell für unsere persönliche Lebensplanung sind: Das Wort ‚Next‘ steht für die stetige Veränderung in unserem Leben sowie für die Zukunft. Anders als unsere Vergangenheit, die so ist, wie sie ist, und die nicht mehr verändert werden kann, können wir die Zukunft gestalten, und genau das ist das Ziel von NextLoop-Life. Die Methode ist also etwas für Gestalter und Menschen, die etwas in ihrem Leben verändern oder große Ziele erreichen wollen. Das zweite Wort, ‚Loop‘, steht für den Kreislauf, den wir regelmäßig durchlaufen sollten. Denk an die Erkenntnis, dass die Zukunft anders wird, als wir heute denken. Das heißt, wir müssen den Loop mit seinen vier Schritten später wieder durchlaufen und zum Beispiel unsere Roadmap anpassen, wenn es zu Veränderungen in unserem Umfeld oder bei uns selbst kommt. Die VUCA-Welt und die ständigen Veränderungen in unserem Leben führen dazu, dass wir uns immer wieder neu hinterfragen und ausrichten müssen. Das dritte und letzte Wort, ‚Life‘, steht für die ganzheitliche Betrachtung unseres Lebens. Alle

Lebensbereiche müssen miteinander im Einklang sein, um glücklich und erfolgreich zu werden."

Einige Stunden später saßen wir zu dritt im Hotelrestaurant und bestellten unser Abendessen. Max und ich waren müde. Die vergangenen Stunden, in denen wir tief in sein Leben eingetaucht waren und er seine Ziele für die Zukunft für sich festgelegt hatte, verlangten nun ihren Tribut. „Was ist denn das Ergebnis der letzten Stunden, die ihr gemeinsam gearbeitet habt?", fragte Mila. „Boah, das war intensiv", fasste Max die vergangenen Stunden treffend zusammen. „Aber es hat sich gelohnt!" „Schön! Und weißt du jetzt, was du nach der Ausbildung machen willst?" „Ja, ich weiß jetzt genau, was ich machen will und was ich als Nächstes tun muss. Ich habe Klarheit gewonnen über das, was ich will, und ich habe eine Roadmap mit Themen, auf die ich mich in nächster Zeit fokussieren werde. Ich habe Ziele und Zwischenziele festgelegt und weiß genau, was ich in Zukunft anstrebe." „Okay, spann mich nicht auf die Folter! Was willst du denn machen?" „Tja, ich will ins Filmgeschäft!", antwortete Max kurz und bündig. „Wow, das ist wirklich etwas ganz anderes als deine Mechanikerausbildung!", lächelte Mila. „Stimmt!", lachte Max, „ich will was ganz anderes machen, denn mein aktueller Job macht mich nicht glücklich." „Wie bist du denn darauf gekommen? Ich weiß, dass du sehr kreativ bist, aber ans Filmgeschäft hätte ich jetzt nicht gedacht!" „Kreatives Arbeiten macht mir unglaublich viel Spaß und in den letzten Jahren ist das Filmen mit meiner alten

Videokamera und das Zusammenschneiden von Filmsequenzen zu meinem Hobby geworden. Erinnerst du dich an meinen Film über meinen Skateboard-Urlaub mit Freunden in Los Angeles?" „Ja!", antwortete Mila, „der war richtig gut gemacht!" „Genau, und das Filmen und Zusammenschneiden hat mir so viel Spaß gemacht, dass ich mir sehr gut vorstellen kann, in diesem Bereich auch beruflich tätig zu werden. Und außerdem kann ich mir das Thema Management im Bereich Medien gut vorstellen. Als Manager hat man noch mal größere Gestaltungsmöglichkeiten, denke ich. Und als mir das heute klar wurde, haben wir gemeinsam nach einem geeigneten Studium gesucht. Und wir haben das perfekte Studium gefunden. Es heißt Motion Design & Management und wird in Köln und Hamburg angeboten. Das Studium kombiniert kreatives Arbeiten, also das Designen und Erstellen von Animationen und Filmen, mit einem Einblick in betriebswirtschaftliche Themen, Marketing und Recht. Das ist genau das, was ich mir vorstelle!" „Das hört sich richtig spannend an, Max, und das Studium scheint von der Beschreibung sehr gut zu deinen Wünschen zu passen! Wo würdest du lieber hingehen? Hamburg oder Köln?", fragte Mila. „Beide Städte sind interessant, aber ich glaube, ich tendiere zu Hamburg. Das ist eine Weltstadt und ich mag die Norddeutschen irgendwie", meinte er mit einem verschmitzten Lächeln in meine Richtung. „Das kann ich nachvollziehen!", grinste ich zurück. „Ich werde nun kurzfristig meine Bewerbung bei der Hochschule einreichen und ich hoffe sehr, dass ich einen Platz bekomme. Dann könnte es schon im September losgehen." „Ich drücke dir die Daumen, Max!", meinte Mila unterstützend. „Aber ich weiß seit heute nicht nur, was ich studieren möchte", fuhr Max fort. „Ich habe auch noch andere Dinge betrachtet. Zuallererst habe ich einen Plan erstellt, wie ich das Studium finanzieren kann. Mit den teuren Mieten in Hamburg, den Studiengebühren und dem Lebensunterhalt kommt monatlich einiges zusammen. Auch über andere Lebensbereiche habe ich mir Gedanken gemacht. So möchte ich in Zukunft wieder mehr Sport machen. Joggen, Boxen und häufiger ins Gym gehen habe ich mir vorgenommen. Außerdem möchte ich Mediation und Yoga von dir lernen, Mama!" Mila hatte in unserer Zeit in Mexiko eine Ausbildung zur Yogalehrerin gemacht. „Na klar, wir können gleich morgen mit den ersten kurzen Sessions beginnen! Ich bin begeistert, dass du in so kurzer Zeit einen Weg für dich gefunden hast, und ich glaube, dass das, was du dir vorgenommen hast, richtig gut zu dir passt. Lass uns gleich darauf anstoßen!", gab sie zurück und rief fröhlich in Richtung des gerade vorbeikommenden Kellners: „Mesero, tres Espumoso, por favor!" Wenige Augenblicke später hielten wir drei Sektgläser in den Händen. „Lass uns auf deine Zukunft anstoßen, Max!", meinte Mila. „Auf unser aller Zukunft!", erwiderte Max. „Also gut, auf *unsere* Zukunft!", sagte ich. Die Sektgläser klirrten, wir riefen alle gleichzeitig „Salud!" und lachten uns an. Max war voller Zuversicht:

„Ich freue mich auf die Zukunft und bin mir seit heute bewusst, dass sie zwar anders kommen kann, als ich heute vielleicht denke, dass ich aber flexibel darauf reagieren werde. Denn das Leben ist voller Chancen!" Ich nickte ihm zufrieden und zustimmend zu.

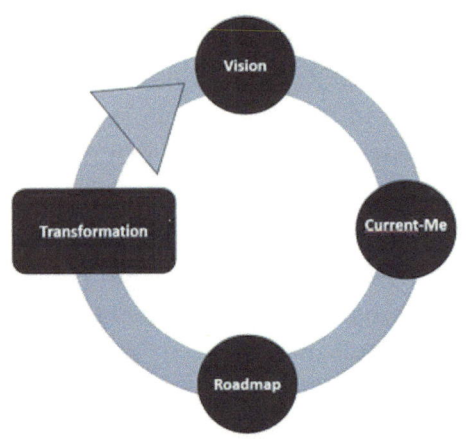

NextLoop-Life: Vier Schritte einer ganzheitlichen und erfolgreichen Lebensplanung

 Reflexion & Erkenntnisse:

Leben & Lebensplanung:
- Die Zukunft wird anders sein, als wir heute denken.
- Für ein glückliches und erfolgreiches Leben ist es erforderlich, alle Lebensbereiche zu betrachten.
- Wir sollten unsere Leidenschaften kennen und unsere intrinsische Motivation finden, denn beide versetzen Berge.

- Wenn wir Entscheidungen für unseren Weg getroffen haben, sind drei Dinge wichtig: Wir sollten auf unseren Weg vertrauen, ihn möglichst bis zum Ende gehen und uns nicht von anderen Dingen oder alternativen Wegen ablenken lassen.
- Bei der Suche nach dem richtigen Weg kann ein Mentor oder Coach sehr hilfreich sein.
- Das Leben ist voller Chancen.
- Beim Versuch, das Unmögliche zu realisieren, entsteht das Bestmögliche.

Allgemeine Erkenntnisse:
- Nach seiner Ausbildung hat Max sein „Motion Design & Management"-Studium in Hamburg in der Regelstudienzeit und als einer der Jahrgangsbesten absolviert. Er ist einen Halbmarathon gelaufen und macht regelmäßig Yoga, um seine Mitte zu finden.

17. Las Vegas – I walk the line

August 2021

Wir stürmten aus der Lobby des Hotels Wynn Las Vegas. Mila trug ein wunderschönes dreiviertellanges grünes Kleid und eine perfekte Frisur. Es stimmte einfach alles an dieser von mir so geliebten und bewunderten Frau! Unsere Outfits hatten wir am Tag zuvor in einer Mall hier in Las Vegas gekauft. Just in time zum großen Tag sozusagen. Der Fahrer unserer weißen Limousine wartete schon auf uns: „Guten Tag, Mila und Tom. Mein Name ist John und ich freue mich, euch an diesem ganz besonderen Tag zur Graceland Wedding Chapel zu fahren!" Lächelnd hielt er uns die Tür auf, während ich versuchte, meine Aufregung zu überspielen. „Genießt eure Fahrt ins Glück!" Kurz darauf saßen wir allein im Separee der Limousine, und schon fuhren wir los.

Mila und ich waren inzwischen gut vier Jahre zusammen und hatten in dieser Zeit so einiges gemeinsam erlebt. Unsere Liebe zueinander war dabei von Tag zu Tag größer geworden und auch schwierige Zeiten hatten nie an den Grundfesten unserer Liebe rütteln können. So war es für uns beide klar, dass wir irgendwann heiraten würden. Für uns war der Bund der Ehe ein treffendes Sinnbild für unseren Wunsch, ein Leben lang zusammenzubleiben. Als wir zum ersten Mal über eine mögliche Heirat sprachen und überlegten, wie der Ablauf unserer Hochzeit sein könnte, hatten wir den Plan, direkt nach unserem Mexiko-Aufenthalt im kleinen Kreis in Deutschland zu heiraten. Irgendwann kam uns jedoch die etwas verrückte Idee einer Hochzeit in Las Vegas, der schillernden Stadt der Casinos, der Shows und der Spontanhochzeiten. Spontaneität passt zu uns, dachten wir, und änderten recht kurzfristig unsere Pläne.

Unsere Hochzeit fiel noch in die Covid-19-Zeit und für europäische Touristen war es aufgrund der Beschränkungen nicht ohne Weiteres möglich, in die USA einzureisen. Die Lösung war ein unmittelbar davor eingeschobener zweiwöchiger Aufenthalt in Mexiko. Das passte für uns perfekt, und so konnten wir nach Erfüllung einiger Gesundheitsauflagen von Mexico City nach Las Vegas fliegen. Die spontane Ortswahl und die bestehenden Reiserestriktionen hatten allerdings einen Nachteil: Niemand aus unserer Familie oder von unseren Freunden konnte diesen für uns so wichtigen Moment mit uns teilen. Um diesen Nachteil auszugleichen, hatten wir uns etwas Besonderes ausgedacht: Direkt nach der Hochzeit in Las Vegas standen zehn Tage Flitterwochen in Mexiko an. Wir hatten ein traumhaftes Hotel direkt am weißen Sandstrand mit Blick auf das türkisfarbene Meer der mexikanischen Karibik gebucht. Anschließend sollte es dann nach drei Jahren Mexiko zurück nach Deutschland gehen. Für unsere Hochzeitsfeier mit unserer Familie und Freunden in Deutschland hatten wir unser Lieblingsrestaurant gebucht. So war es uns doch noch möglich, gemeinsam mit unseren Liebsten dieses wichtige Ereignis zu zelebrieren.

Der Plan der nächsten Tage stand also schon, sodass wir die Fahrt vom Hotel zur Wedding Chapel in vollen Zügen genießen konnten. „Tom, du bist ja ganz aufgeregt!", stellte Mila etwas verwundert, aber auch belustigt fest. „Tja, was soll ich sagen, Mila, man heiratet halt nicht alle Tage!" Sie lachte: „Ach, bei dir ist es doch schon die dritte Hochzeit. Gibt es denn da keine Routine!?" „Hm, irgendwie nicht, und außerdem ist diesmal alles komplett anders!" „Wieso anders?", fragte Mila. „Ich weiß auch nicht genau, auf jeden Fall bin ich diesmal viel aufgeregter als bei den Hochzeiten davor, obwohl wir ja komplett allein sind. Bist du denn gar nicht nervös?" „Nein, ich wundere mich auch, aber ich glaube, es liegt daran, dass ich zu einhundert Prozent sicher bin, dass diese Hochzeit die richtige Entscheidung für uns ist. Es fühlt sich absolut stimmig an." Das glaubte ich auch, und es fühlte sich so gut an! Aber die Schmetterlinge im Bauch machten mich ganz offensichtlich nervös. „Ich bin wohl doch nicht so kontrolliert und cool, wie ich dachte", merkte ich an. „Nein, das bist du nicht und auch dafür liebe ich dich!" Und dann machte mir Mila die schönste Liebeserklärung der Welt: „Tom, du bist für mich ein ganz besonderer Mensch. Du bist der Mensch mit dem größten Herzen, einem Löwenherzen! Ich merke, wie sehr du alle unsere Kinder liebst. Und auch meine beiden finden dich richtig toll. Du bist ein Vorbild für sie! Und, na ja, du hast ein Helfersyndrom und willst möglichst allen Menschen helfen, in ihrem Leben weiterzukommen. Deine Menschenkenntnis basiert auf deiner großen Empathie. Dein trockener norddeutscher Humor ist göttlich und ich habe selten einen solche Zielstrebigkeit kennengelernt. Tom, du bist ein toller Mensch, und ich bin glücklich, dass wir heute heiraten und den Rest unseres Lebens gemeinsam verbringen werden!"

Auch ich ließ meinen Gefühlen freien Lauf: „Mila, auch ich liebe dich von ganzem Herzen! Ich liebe deine Spontaneität, deine Verrücktheit, deine Energie, dein großes Herz, deinen Humor und deine Tiefsinnigkeit. Ich liebe einfach alles an dir! Und ich bin mir so sicher, dass wir uns lieben und zusammenbleiben werden bis zum Ende." Wir umarmten uns innig.

Plötzlich wurde die Limo langsamer und bog von der Hauptstraße auf einen Parkplatz ab. „Da ist die Chapel!", rief Mila. „Kleiner, als ich dachte, aber groß genug für uns zwei!" John öffnete die Tür der Limousine und sagte: „Voilà, da wären wir! Sieglinde wartet dort vorn am Haupteingang auf euch." Sieglinde war ursprünglich aus Deutschland in die USA gekommen, lebte mittlerweile aber in Las Vegas und bot verschiedene Hochzeitspakete für deutsche Touristen an. Wir hatten sie zwei Tage zuvor bei einer Vorbesprechung in unserem Hotel kennengelernt. Diese sympathische und liebevolle Frau Anfang 60 hatte bereits sehr viele Paare in Las Vegas getraut. Sie besaß die hierfür erforderliche Standesamtslizenz, um im Bundesstaat Nevada Eheschließungen durchführen zu können.

Mit den Worten „Vielen Dank, John. Es war eine tolle Fahrt mit dir!" verabschiedeten wir uns von unserem Chauffeur und betraten die kleine Kapelle. Sieglinde erwartete uns schon freudig: „Willkommen in der Graceland Chapel!" „Danke, Sieglinde", sagte Mila, „bisher hat alles wunderbar funktioniert." Wir hatten noch ein paar Minuten Zeit, bis wir an der Reihe waren. Die Location war sehr beliebt, sodass für die komplette Zeremonie normalerweise exakt 15 Minuten vorgesehen waren. Aufgrund der Coronabeschränkungen war in Las Vegas zu dieser Zeit allerdings wesentlich weniger los als sonst. Deshalb konnten wir uns etwas mehr Zeit lassen. „Kennt ihr die Geschichte der Graceland Chapel und wie sie zu ihrem Namen gekommen ist?", fragte uns Sieglinde. „Nein", antwortete ich wahrheitsgemäß, „aber das Wort Graceland kommt mir irgendwie bekannt vor. Hat das nicht etwas mit Elvis zu tun?" „Richtig, Graceland war das berühmte Anwesen von Elvis Presley in Memphis Tennessee, in dem er mit seiner Familie lebte. Als er 1967 seine spätere Frau Priscilla heiraten wollte, suchte er in Las Vegas nach einer Kapelle für die Hochzeitszeremonie. Er besuchte auch diesen Ort hier und war von dem Charme der kleinen Kapelle begeistert. Aber sie war natürlich viel zu klein für die große Gästezahl, sodass er sich eine andere Location suchen musste. Letztendlich heiratete er am 1. Mai 1967 im Aladdin Hotel am Las Vegas Strip. Der

Chapel-Besitzer fragte Elvis damals, ob er die kleine Kapelle nach dessen Wohnsitz Graceland benennen dürfe, wenn Elvis schon nicht hier heiraten könne. Elvis willigte ein. Seitdem finden hier auch die weltbekannten Elvis-Hochzeiten statt, bei denen ein verkleideter Elvis die Hochzeitszeremonie aufpeppt." „Stimmt, davon habe ich gehört", meinte Mila, „aber das wäre nichts für uns, wir sind da ein bisschen konservativ." „Konservativ ist bei einer Hochzeit in Las Vegas wohl nicht das richtige Wort", lachte ich. Sieglinde fuhr fort: „Auch Jon Bon Jovi hat hier geheiratet und Bandmitglieder von Def Leppard, KISS, Deep Purple und den Thompson Twins." „Wow, dann sind wir ja in illustrer Gesellschaft", freute sich Mila.

Sieglinde erklärte uns noch einmal kurz die bevorstehende Zeremonie: „Gleich geht es los, wir werden nur zu viert in der Kapelle sein. Wir drei und die Fotografin Lisa. Sie ist auch eure Trauzeugin. Nach dem Ehegesetz in Nevada bedarf es nur eines Trauzeugen." Die Tür zur Kapelle öffnete sich und Lisa ließ uns in die wunderschöne, ganz in Weiß gehaltene kleine Kapelle eintreten. Sieglinde stieg auf ein Podest, auf dem auch ein kleiner Altar stand. Wir standen gemeinsam davor und Mila flüsterte mir ins Ohr: „Jetzt bin ich auch aufgeregt, mir zittern die Knie!" Da haben wir wieder etwas gemeinsam, dachte ich.

Die Atmosphäre in der Chapel war magisch. Weiße Blumen schmückten den Raum. Das Flackern der Kerzenflammen sowie das gedämpfte Licht der eleganten Decken- und Wandleuchter erzeugten eine zurückhaltend-feierliche Stimmung. Die Magie des Augenblicks wurde von der Strahlkraft der Kapelle perfekt unterstrichen. Und das Feierlichste kam noch. Es war die Traurede von Sieglinde, die uns beide in den Bann zog und diesem Augenblick zusätzlich eine besondere Bedeutung verlieh:

„Liebe Mila und lieber Tom, wir stehen heute hier in der schillernden Stadt Las Vegas, um euren Bund der Ehe für immer zu schließen. Ich betrachte eure beiden Gesichter und sehe das Strahlen in euren Augen. Eure Liebe zueinander füllt diesen Raum. Keine noch so große Show in dieser Stadt, die niemals schläft, ist annähernd so bedeutsam wie die Liebe zwischen euch. Diese Liebe ist magisch und wird im Mittelpunkt eures weiteren Lebens stehen. Denn ihr gehört zusammen. Lasst nichts zwischen euch kommen. Nicht in guten Zeiten und nicht in schlechten Zeiten. Ab jetzt seid ihr beide für euch das Wichtigste! Die Entscheidung, euren Lebensweg gemeinsam zu gehen, wird im Mittelpunkt eures Lebens stehen. Alles andere muss einen kleinen Schritt zurücktreten und nichts wird zwischen euch treten können. Ihr habt eine großartige gemeinsame Zukunft vor euch, denn von nun an liegt die wundervolle Möglichkeit in euren Händen, jeden Tag aufs Neue zu lieben und gemeinsames Glück zu spüren. Hegt und pflegt diese wunderschöne rote Rose der Liebe. Vertrauen, Hingabe, Akzeptanz, offene Worte und die Bereitschaft, jeden Tag auf den anderen zuzugehen, sind der Schlüssel für die Ewigkeit. So wird euer Glück vollkommen sein, nicht nur bis dass der Tod euch scheidet, sondern darüber hinaus." Mila liefen Tränen über die Wangen, und auch ich war sichtlich bewegt. Ja, genau das war es, was wir gemeinsam wollten, und Sieglinde hatte uns mit ihren Worten den Weg für unsere gemeinsame Zukunft aufgezeigt. Zum Abschluss der Zeremonie küssten Mila und ich uns und tauschten die Eheringe. Beim Verlassen der Kapelle erklang leise der Country-Song „I walk the line" von Johnny Cash.

Wir sprechen auch heute noch oft über diesen magischen Moment in Las Vegas und die Botschaft, die Sieglinde uns mit auf den Weg gegeben hat. Und auch die Botschaft des Abschlusssongs von Johnny Cash habe ich im Nachhinein verstanden. Der Text von „I walk the line" handelt davon, dass wir uns jeden Tag um unsere Partnerschaft und unsere Liebe kümmern müssen, dass wir uns treu bleiben und dass wir den gemeinsamen Lebensweg entschlossen und zusammen gehen müssen. Denn Liebe ist immer auch eine Entscheidung.

„Because you are mine, I walk the line!"

 Reflexion & Erkenntnisse:

Liebe & Beziehung:
- Liebe ist auch eine Entscheidung! Denn eine gut funktionierende Partnerschaft oder Ehe basiert auf einer offenen und regelmäßigen Kommunikation, bei der auch

Probleme angesprochen werden. Konflikte werden auf der Basis von gemeinsamen Werten, Akzeptanz, Respekt und Konsensbereitschaft gelöst.

- Mila und ich reden täglich über alles Wichtige, nicht nur morgens beim täglichen Kaffee oder Tee. Wir haben uns zur Aufgabe gemacht, über alles zu sprechen, was uns bewegt. Ob das mit positiven oder negativen Gefühlen behaftet ist, ist dabei egal.

Allgemeine Erkenntnisse:

- Unsere persönliche Lebenserfahrung ist, dass Trennungen zwar schmerzhaft sein können, die folgende Partnerschaften allerdings besser werden können als die vorherigen, insbesondere wenn wir unsere Lehren aus der Vergangenheit gezogen haben.

Die Suche nach dem Sinn des Lebens:

- Ich hatte schon vor Jahren erkannt, dass die Liebe für mich einen Sinn des Lebens darstellt. Das Erleben wahrer Liebe, das mit der Geburt meiner Kinder begonnen hatte, umfasste nun auch meine Liebe zu Mila.

18. Ein schwäbisches Dorf – Tod der Vergangenheit

Oktober 2021

Unsere Flitterwochen in der mexikanischen Karibik waren ein wahr gewordener Traum. Zeiten der Tiefenentspannung am weißen Sandstrand mit seinem türkisfarbenen Wasser wechselten sich ab mit spannenden Ausflügen. Wir besuchten die beeindruckende Maya-Stadt Tulum, schwammen in unterirdischen Flüssen, den sogenannten Cenoten, und machten eine Schnorcheltour in einer Bucht mit glasklarem Wasser und Tausenden von bunten Fischen. Außerdem standen wir beide das erste Mal in unserem Leben auf einem Stand-up-Paddleboard. Na ja, „stehen" war in meinem Fall definitiv das falsche Wort. Da wir diese ersten Versuche im Meer mit Wellengang machten, war es für mich eher eine Fall-down-Paddeling-Session. Mila hingegen konnte ihr Gleichgewicht erstaunlich gut halten und trotzte den Wellen. Ich erklärte mir ihren überragenden Gleichgewichtssinn mit ihrer Liebe zum Yoga und ihrem auf diese Weise geschulten Körpergefühl. Ach ja, und ich hatte endlich wieder Zeit, ein gutes Buch zu lesen.

Nach gut einer Woche in der Karibik ging es dann über Mexico City zurück nach Deutschland. Unsere Zeit in Mexiko war nun endgültig zu Ende. Hinter uns lagen drei intensive, aber auch abwechslungsreiche und schöne Jahre, in denen wir viel über das Land und seine Kultur lernen konnten. Wie so oft bei Abschieden traten wir die Heimreise aus Mexiko mit einem weinenden und einem lachenden Auge an. Wir freuten uns auf zu Hause. Auf unsere Kinder, Familie und Freunde. Und vor allem fieberten wir einem ganz besonderen Moment entgegen, der kurz nach unserer Rückkehr anstand: unsere Hochzeitsfeier, die wir mit all den Menschen feiern wollten, die wir in Mexiko so vermisst hatten.

Die etwa 40 eingeladenen Gäste kamen aus den verschiedensten Ecken aus ganz Deutschland angereist. Wir hatten ein abwechslungsreiches Programm für sie zusammengestellt. Am Freitagmorgen luden wir zu einem vielfältigen und leckeren Frühstücksbuffet ins Restaurant Nuvolari im Audi Forum Neckarsulm ein. Unter den Gästen entwickelten sich sofort interessante Gespräche. Einige von ihnen hatten sich schon lange nicht mehr gesehen, sodass es viel zu besprechen gab. Es war eine harmonische Runde und alle genossen die persönlichen Begegnungen, die nach der langen Zeit der Corona-Restriktionen nun endlich wieder möglich waren. Nach dem Frühstück besichtigten wir gemeinsam das Audi-Werk und erlebten, wie ein Fahrzeug vom Pressen der Karosseriebleche bis zur Fertigstellung in der Endmontage Schritt für Schritt entsteht.

Am Nachmittag stand dann eine Wanderung in den Weinbergen von Neckarsulm an. Der schwierigste Teil der Tour war der „Aufstieg" zum 310 Meter hohen Scheuerberg mit seinen wunderschönen

Hängen voller Weinreben. Insbesondere unsere norddeutschen Flachland-Tiroler kamen bei diesem letzten Anstieg ganz schön aus der Puste. Aber die Belohnung für die kleine Anstrengung ließ nicht lange auf sich warten. Es ging in eine typisch schwäbische Besenwirtschaft. In der rustikalen Wirtschaft eines Weinbauers probierten wir die lokalen Weine wie Trollinger oder Lemberger und zum Essen gab es typische schwäbische Gerichte wie Schlachtplatte, Maultaschen, schwäbischen Kartoffelsalat und Rollbraten mit Spätzle. Die fröhliche Stimmung des Vormittags setzte sich fort und wir hatten sehr viel Spaß zusammen.

Am Tag darauf war es dann so weit. Auf diese Feier hatten Mila und ich uns schon lange gefreut. Wir hatten unser charmantes kleines Lieblingsrestaurant reserviert – der Ort, an dem wir uns vor vier Jahren das erste Mal geküsst hatten. Es konnte also keine bessere Location geben, um die Liebe zwischen uns mit unseren Lieben zu feiern. Die Feier stand für uns unter dem Motto, eine Plattform des Austauschs zwischen den uns wichtigen Menschen zu bieten. Vor dem italienischen Vier-Gänge-Menü gab es daher lediglich eine kurze gemeinsame Rede von Mila und mir; der weitere Abend war den angeregten Gesprächen zwischen unseren Gästen vorbehalten. Dabei begleitete uns leise Hintergrundmusik, die zur schönen Atmosphäre des Abends beitrug. Auch die auf Hochzeitsfeiern wohl unvermeidlichen Spiele überstanden Mila und ich, bevor ein weiteres Highlight anstand: Ein

Solo-Saxofonist spielte einige emotionale Lieder für uns. Ich liebe die Klänge des Saxofons und genoss das kleine Konzert in vollen Zügen – inklusive Gänsehaut. Diese Darbietung rundete eine einzigartige Hochzeitsfeier voller Harmonie, guter Unterhaltung und Liebe auf wunderschöne Weise ab.

Der Kontrast zu dem, was sich nur wenige Stunden später in unserem Leben ereignete, hätte nicht größer sein können. Wahrscheinlich träumten Mila und ich gerade von der letzten Nacht und dem wundervollen Wochenende mit unseren lieben Gästen, als plötzlich mein Handy, das auf dem Nachtschrank neben dem Bett lag, klingelte. Ich schaute schlaftrunken auf die Uhr. Es war fünf Uhr morgens. Wer rief denn um diese unchristliche Zeit an einem Sonntagmorgen an? Sofort machte ich mir Sorgen. War etwas passiert? Hatte einer unserer Hochzeitsgäste ein Problem und brauchte Hilfe? Auf dem Display wurden eine südafrikanische Telefonnummer und der Name Ayanda angezeigt. Ayanda war die Cousine und beste Freundin meiner Ex-Ehefrau Naledi. Verdutzt nahm ich das Gespräch an: „Guten Morgen, Ayanda." Ich hörte ein Schluchzen und dann Ayandas leise Stimme: „Tom, es ist etwas ganz Schreckliches passiert. Heute Nacht ist Naledi gestorben." „Was!?", fragte ich ungläubig, „was erzählst du da?" Naledi war zehn Jahre jünger als ich und bei bester Gesundheit, sie konnte doch nicht so einfach sterben! „Sie wurde umgebracht!" Mir stockte der Atem, das konnte einfach nicht wahr

sein. „Wie, sie wurde umgebracht!?", fragte ich und verlor zunehmend meine Fassung. Ayanda nahm alle Kraft zusammen, um mir ruhig, langsam und konzentriert von dem grausamen Geschehen zu berichten: „Sie hatte seit einigen Monaten einen Freund und der hat sie im Streit erschlagen. Es war ein brutaler Mord und das Schlimmste ist, dass Lathita dabei war. Die Kleine hat noch versucht, bei den Nachbarn Hilfe zu holen, aber als die Polizei eintraf, waren Naledi und ihr Freund nicht mehr aufzufinden. Ein paar Stunden später fand man Naledis Leiche in einem Busch in der Nähe ihres Wohnorts. Sie muss sehr gelitten haben, bis Gott sie zu sich geholt hat. Ich komme gerade von der Polizei, ich musste ihre Leiche identifizieren. Und ja, es war meine Schwesterseele Naledi. Sie ist tot."
„Ayanda, ich bin am Boden zerstört. Ich kann das einfach nicht glauben!", rief ich. „Hat man den Freund oder besser Mörder denn gefasst?" „Ja, er ist auf der Polizeistation in Haft, man wird ihn am Montag dem Untersuchungsrichter vorführen." „Ayanda, das ist so eine schlimme Nachricht, aber meine wichtigste Frage im Moment ist, wie es Lathita geht. Wie kommt sie mit dieser schrecklichen und traumatischen Situation zurecht?" „Sie ist bei uns. Gerade schläft sie. Ich habe vorhin mit ihr geredet. Sie konnte über das Erlebte sprechen, das ist gut. Mir ist schon immer aufgefallen, dass sie trotz ihrer jungen Jahre schon eine große Persönlichkeit ist, und ich hoffe, dass ihr das in dieser schwierigen Phase helfen wird!" „Ayanda, ich bin bestürzt. Auch und insbesondere wegen Lathita.

Lass mich wissen, wie wir ihr helfen können." Sie versprach mir, mich über alles auf dem Laufenden zu halten, und wir beendeten das Gespräch. Völlig schockiert saß ich auf unserem Bett und zweifelte an der Gerechtigkeit des Lebens. Es war für mich nicht fassbar, wie schlimm und qualvoll der Tod meiner Ex-Frau gewesen sein muss, mit der ich immerhin acht Jahre zusammen gewesen war. Und das alles ausgerechnet am schönsten Wochenende, das Mila und ich bisher in unserem Leben erleben durften? Ich konnte das alles nicht begreifen!

Ich hatte schon häufiger in den Nachrichten gelesen, dass Südafrika ein Problem mit Gewalt gegen Frauen hat, der sogenannten Gender-based violance. Aber dass dieses gesellschaftliche Problem einmal so nah an mich heranrücken würde, war für mich unvorstellbar gewesen. Die Beziehung mit Naledi war im beidseitigen Einverständnis und auf eine faire Weise beendet worden und für mich – abgesehen von Lathita, deren Aufwachsen ich aus der Ferne verfolgte – abgeschlossen. Doch dieses grausame Ereignis brachte alle Gewissheiten ins Wanken. Am schlimmsten war die Ungewissheit, wie es meiner geliebten „Tochter" Lathita ging. Mir war nicht klar, wie wir uns verhalten und was wir tun sollten.

Mila war durch das Telefonat wach geworden. Sie hatte nur Fragmente des Gesprächs mitbekommen, aber es war ihr klar, dass etwas Schlimmes passiert sein musste: „Tom, was ist denn los und wer war denn da am Telefon, du bist ja total aufgewühlt!" Ich erzählte ihr die unfassbare Story. Mila hatte Naledi während unserer Südafrikaurlaube ein paar Mal kurz getroffen, wenn wir Lathita abgeholt hatten, um sie zu uns zu nehmen. Während dieser gemeinsamen Urlaube hatte sich zwischen Lathita und Mila schnell eine ganz besondere Beziehung aufgebaut. Sie waren einander sehr zugetan, wie seelenverwandt. Mila war nach meinen Ausführungen sichtlich geschockt: „Wir müssen Lathita helfen, lass uns nach Südafrika fliegen!"

Zwei Tage später saßen wir beide in Frankfurt am Flughafen in der Lounge und warteten auf unseren Flug nach Johannesburg. Wir hatten in den letzten Stunden mehrmals mit Lathita telefoniert. Sie machte während der kurzen Gespräche einen gefassten Eindruck auf uns und freute sich, dass wir zu ihr kamen. Die Beerdigung war inzwischen für den Tag nach unserer Ankunft in East London angesetzt worden. Unser Plan war es, Lathita nach der Trauerfeier für einen Kurzurlaub in ein Freizeitresort mitzunehmen, um sie aus dem Trubel der Ereignisse herauszuholen.

Die lokale wie auch die nationale südafrikanische Presse hatte über den Mord berichtet. Da Naledi nach der Scheidung noch nicht ihren Nachnamen geändert hatte, sondern weiterhin meinen Namen trug, bekam ich ständig Nachrichten von meinen südafrikanischen Freunden und ehemaligen Kollegen, die davon erfahren hatten.

Für Mila und mich war der Flug nach Südafrika zugleich eine belastende Reise in meine Vergangenheit und damit die wohl schwierigste Aufgabe, die wir in unserer bisherigen Partnerschaft zu meistern hatten. Die Reise erzeugte einen komplizierten Gefühlsmix. Auf der einen Seite war da das Verantwortungsgefühl gegenüber Lathita und auf der anderen Seite sah ich mich komplett unvorhersehbaren Emotionen aufgrund der Beerdigung und der Konfrontation mit meiner Vergangenheit ausgesetzt. Das Wichtigste war mir, meine noch frische Ehe und meine tiefe Liebe zu Mila zu schützen. Aber ich wollte den grausamen Tod von Naledi auch verstehen und insbesondere gegenüber Lathita mein Versprechen einhalten, dass ich immer für sie da sein würde, wie für jedes meiner Kinder.

Die Beerdigung war für mich und wohl noch viel mehr für Mila extrem schwierig und belastend. Für Mila bedeutete die Reise nach Südafrika ein Eintauchen in eine nicht bekannte Kultur, es war eine Reise in die Vergangenheit ihres Partners, die sie aus meinen Erzählungen zwar kannte, aber nun hautnah mitbekam. Und es war eine Reise zur Beerdigung einer ihr weitgehend unbekannten Person, die durch ein unfassbares Verbrechen ums Leben gekommen war. Das alles stellte uns beide vor eine riesige Herausforderung. Wir hielten uns bei der Beerdigung im Hintergrund und wollten so gut wie möglich für Lathita da sein, wenn sie uns brauchte. Sie kam während der Zeremonie auch häufiger zu uns und suchte unsere Nähe. Ich glaube, es war für sie wichtig, dass wir einfach nur da waren und ihr so Halt gaben.

Der anschließende Kurzurlaub oder besser die Flucht zum Areena Riverside Resort in der Nähe von

East London verschaffte uns ein paar schöne Tage. Lathita spielte mit anderen Kindern und wir machten Quadtouren und Kanufahrten und redeten viel. Lathita schien keine Albträume zu haben. Es ging ihr einigermaßen gut. Das zu erfahren, war für Mila und mich sehr wichtig und auch ein Stück weit beruhigend. Ein paar Tage später brachten wir Lathita wieder nach Hause zu ihren Großeltern. Zusammen mit allen Beteiligten berieten wir, wie es mit ihrem jungem Leben weitergehen sollte. Die gemeinsam beschlossene Lösung ermöglichte Lathita, weiter in ihrer gewohnten Umgebung zu leben; sie musste weder den Wohnort noch die Schule wechseln. Auch vor Naledis Tod hatte Lathita die meiste Zeit bei ihren Großeltern gewohnt, die sie abgöttisch liebte. Das sollte ihr Zuhause bleiben. Zusätzlich zog Naledis Schwester und Lathitas leibliche Mutter in das Haus der Großeltern, um sich künftig mehr um ihre Tochter zu kümmern. Für Lathita wurde eine psychologische Betreuung zur Verarbeitung des erlebten Traumas organisiert. So kam in den Wochen und Monaten nach der Tragödie wieder eine feste Struktur in ihren Alltag. Sie durchlief ein kurzes Tief in der Schule, von dem sie sich ein paar Monaten später jedoch wieder erholte, um bald darauf wieder zu den Klassenbesten zu gehören und zur Klassensprecherin gewählt zu werden. Naledis Mörder wurde zu einer lebenslangen Haftstrafe verurteilt. Lathitas leibliche Mutter gründete eine Non-Profit-Organisation zum Kampf gegen Gender-based violence.

Nach einem emotionalen Abschied von Lathita flogen Mila und ich zurück nach Deutschland. Schwierige Tage lagen hinter uns, aber aus meiner Sicht hatten wir das Richtige getan. Wir hatten Lathita gezeigt, dass wir in schlechten Zeiten für sie da waren. Wir beide, Mila und ich, waren in diesen Tagen noch enger zusammengerückt und uns darüber bewusst geworden, dass auch richtig schwierige Situationen unserer Liebe nicht schaden können, sondern im Gegenteil unsere Liebe bestätigen und stärken.

 Reflexion & Erkenntnisse:

Leben & Lebensplanung:
- Auslandsaufenthalte wie der in Mexiko sind immer Highlights im Leben mit unglaublich vielen Möglichkeiten, neue Dinge zu lernen und sich persönlich weiterzuentwickeln.
- Den Unterschied zwischen „Talent haben" und „nicht mit Talent gesegnet sein" kann man auch beim Stand-up-Paddeling beobachten.
- Die Ungewissheit ist der Zukunft inhärent. In ihr liegen Möglichkeiten, Potenziale und Tragödien. Ungewissheit ist die Quelle von Hoffnung und Angst.
- Lass uns die Hoffnung fokussieren. Denn sie ist die Inspiration, die Zukunft zu gestalten, und der positive Antrieb für die Gegenwart.
- Das Leben ist nicht fair.
- Ein plötzlicher Tod, ob natürlichen Ursprungs oder

brutal herbeigeführt, trifft uns Menschen unvorbereitet. Die Phase der Trauer verbindet sich mit der Ungewissheit über die Zukunft.

Liebe & Beziehung:
- Wenn eine für eine Beziehung schwierige Situation die Liebe stärkt, seid ihr auf dem richtigen Weg.

Die Suche nach dem Sinn des Lebens:
- Geburt und Tod gehören zu unserem Leben dazu. Die Endlichkeit des Lebens sollte uns stets bewusst sein, denn sie führt dazu, dass wir unsere Tage sinnvoll nutzen wollen. Memento mori, das Bewusstsein, dass wir sterblich sind, führt zum bewussten Leben im Hier und Jetzt: Carpe diem bedeutet, dass wir jeden Tag nutzen und genießen sollten.

19. Györ –
auf zum längsten Tag im Leben

Juli 2023

Was waren das für Leiden, die ich durchlebte! So viel Mühe ich mir auch machte, meinen offensichtlich erbärmlichen körperlichen Zustand konnte ich nicht mehr verbergen. Ein Mann am Straßenrand rief mir auffordernd zu: „Mach weiter! Du bezahlst schließlich viel Geld für deine Schmerzen!" Diese Worte brauchten eine Weile, bis mein Kopf sie verarbeitet hatte. Körperlich war ich zu diesem Zeitpunkt ein Wrack und mein geistiger Zustand könnte mit den Worten Delirium oder auch akuter Verwirrtheitszustand treffend umschrieben werden. Als der Informationsverarbeitungsprozess in meinem Gehirn abgeschlossen war, stand für mich fest: Der Mann hatte recht! Genau das war das Perverse an so einem Ironman mit seinen 3,8 Kilometern Schwimmen, 182 Kilometern Radfahren und den abschließenden 42,1 Kilometern Marathonlauf: Du bezahlst 1000 Euro in dem Bewusstsein, dich am Schluss eines langen Tages so richtig zu quälen.

Mein Knie meldete sich bei der letzten Disziplin, dem Laufen, schon nach etwa 20 Kilometern. Es war einfach überlastet, dachte ich. Und ein paar Kilometer später plagten mich dann auch noch diese Magenkrämpfe. Ich bekam einfach nicht genug

Kohlenhydrate zur Energieversorgung in meinen Körper rein. Schon allein der Gedanke an den Geschmack
der Gele, die an den Verpflegungsstationen an die Tri-
athleten verteilt wurden, erzeugte bei mir ein Wür-
gen. Ich war so unglaublich erschöpft. Okay, nach
mittlerweile zwölf Stunden ununterbrochenem Sport
war das wohl durchaus normal. Ich hatte es die ganze
Zeit vermieden, aber nun musste ich vom Laufen zum
Gehen wechseln. Der viel beschriebene „Mann mit
dem Hammer" war seit einigen Kilometern mein
verlässlicher Begleiter und der kleine imaginäre Teufel auf meiner rechten Schulter fragte mich ständig:
Tom, warum machst du diesen Scheiß, das brauchst
du doch nicht! Du brauchst niemandem etwas zu be-
weisen und deine Midlife-Crisis erkläre ich hiermit
offiziell für beendet. Setz dich doch einfach irgendwo
ins Gras und genieße den schönen Tag und lass Neune
gerade sein. Dann geht es dir sofort besser!"

Diese inneren Dialoge mit meinem Schweinehund
waren im wahrsten Sinne des Wortes nicht zielführend. Glücklicherweise schob sich genau in diesem
Moment meine wichtigste Motivationsquelle, um hier
und jetzt nicht aufzugeben, wieder in mein Sichtfeld:
In etwa 200 Metern Entfernung stand meine kleine
Fangruppe, die mich während der insgesamt vier
Laufrunden an verschiedenen Stellen immer wieder
angefeuert hatte. Das gab mir einen kräftigen Motiva-
tionsschub. Ich wollte doch nicht im Schneckentempo
an meinen extra angereisten Fans vorbeigehen! Ich
wollte zeigen, dass es noch weiterging und ich mein

großes Ziel erreichen konnte. So fing ich wieder an zu traben und versuchte, nicht ganz so angestrengt auszusehen. Lina hielt ein Plakat hoch: „Go Papa Go!" stand darauf und auf der anderen Seite: „Umdrehen ist jetzt auch blöd!" Recht hatte sie! Matteo und Max riefen: „Super! Weiter so!", und wir klatschten uns ab. Mila kam zu mir gelaufen und begleitete mich ein paar Schritte: „Du siehst gut aus! Weiter so!" Okay, das ist nett von ihr und diese kleine Lüge sei ihr verziehen, dachte ich. Es war offensichtlich, dass ich nicht mehr gut aussah. „Den Umständen entsprechend" wäre eine treffendere Formulierung gewesen. Aber egal, jedes positive Wort war in dieser Situation einfach so extrem hilfreich! Sie gab mir einen Kuss auf die Wange und sagte: „Bald hast du es geschafft, mein Schatz!" Am Ende meiner Fangruppe standen mein Onkel Karl und meine Tante Birgit. Auch sie feuerten mich voller Inbrunst an. Karl war früher ein sehr guter Triathlet gewesen und als er hörte, dass ich den Ironman Frankfurt absolvieren würde, war für ihn klar, dass er dabei sein würde. Karl rief immer und immer wieder: „Du schaffst das, Tom! DU SCHAFFST DAS!" Der kleine Teufel auf meiner rechten Schulter verstummte. Er ließ mich für die nächsten Minuten in Ruhe. Denn ich sagte mir immer wieder: Karl hat recht! ICH SCHAFFE DAS!!!

Die Anfeuerung der Zuschauer entlang der Laufstrecke trug mich über die letzten Kilometer des Marathons und am Ende der vierten Runde konnte ich endlich in Richtung Römerplatz abbiegen, wo der

Zielbereich aufgebaut war. Hunderte von Menschen säumten die letzten Meter dieses fast endlosen Rennens. In mehreren Reihen standen sie auf beiden Seiten der abgesperrten Laufstrecke dicht gedrängt und feuerten jeden einzelnen Finisher an. Es war ein unglaubliches Gefühl, durch diese Menschenmassen zu laufen und zu wissen, dass ich gleich mein ganz großes Ziel erreichen würde. Ein Ziel, das ich mir genau vor einem Jahr gesetzt hatte. Ein Projekt der Kategorie „from zero to hero", von nahezu untrainiert bis zum Ironman in einem Jahr. Ein selbst gestecktes Ziel, vor dem ich von Anfang an einen Heidenrespekt hatte.

Und nun war ich hier auf dem Frankfurter Römer und hatte es geschafft. Der aus Südafrika stammende Ironman-Sprecher Paul Keye rief in sein Mikrofon: „Tom, YOU ARE AN IRONMAN!", und dann war es zu Ende. Nach gut zwölfeinhalb Stunden lief ich über die Ziellinie. Es war einfach ein überwältigendes Gefühl! Mir liefen die Tränen übers Gesicht. Tränen der Freude, der Erleichterung, der Erschöpfung, des Stolzes, der Dankbarkeit. Mila und die Familie warteten hinter dem Zieleinlauf auf mich. Trotz des unrunden Ganges beeilte ich mich, zu ihnen zu kommen, und umarmte zuerst Mila innig. Wir beide weinten. Mila war voller Stolz auf ihren Ehemann, der das Rennen trotz der Leiden durchgezogen hatte. Wahnsinn, wie intensiv und emotional dieser längste Tag in meinem Leben war!

Dabei hatte das Projekt zur Vorbereitung auf diesen Ironman ganz nüchtern begonnen, und zwar im beschaulichen Györ in Ungarn. Nach unserer Zeit in

Mexiko war mein nächster Einsatzort das ungarische Audi-Werk gewesen. Ende 2021 übernahm ich dort die Logistikleitung des Werkes. Kurz nach dem Start in Györ stand die Weihnachtszeit im Kreise der Familie an. Diese besinnliche Zeit zwischen den Feiertagen nutzten Mila und ich wie immer für zwei wichtige Themen. Zum einen prüfen wir in dieser Zeit stets die private Finanzplanung und passen sie gegebenenfalls an, zum anderen nehmen wir uns bewusst Zeit, um unsere Lebensplanung zu reflektieren. Seit ein paar Jahren nutzen wir hierfür die Methode NextLoop-Life, mit der wir ganzheitlich alle Lebensbereiche betrachten und bei Bedarf Veränderungen vornehmen. Unser Rückblick auf die Zeit in Mexiko kam zu dem Ergebnis, dass ich zwar meine beruflichen Ziele erfolgreich erreicht hatte, meinen Körper und die Gesundheit während der drei stressigen Jahre aber sehr vernachlässigt hatte. In Ungarn war die berufliche Situation stabiler als in Mexiko. Außerdem war der Arbeitsweg von unserer Wohnung in Györ zum Audi-Werk wesentlich kürzer, sodass ich gut eine Stunde pro Arbeitstag mehr Zeit für andere Aktivitäten gewonnen hatte. Es gab in Ungarn also einen neuen Freiraum, den ich dazu nutzen wollte, mich wieder mehr auf die Gesundheit zu fokussieren. Ein Ziel war, mein Körpergewicht zu reduzieren. Circa acht Kilo weniger würden mir nicht nur gut zu Gesicht stehen, sondern auch meinen BMI wieder in den grünen Bereich befördern. Gesundheit hoch, Körpergewicht runter! Da lag es auf der Hand, wieder mehr und insbesondere regelmäßig

Sport zu treiben. Da ich mich inzwischen ganz gut kannte, wusste ich, dass der Antrieb zum regelmäßigen Sporttreiben bei mir am besten funktioniert, wenn ich mir ein festes Ziel setze. Ein sportliches Ziel motiviert mich ganz einfach und lässt mich fokussiert darauf hinarbeiten.

Aber welches sportliche Ziel konnte ich mir setzen? Vielleicht einen Halbmarathon oder sogar einen Marathon? Auch ein längeres Radrennen wie die 160 Kilometer der Hamburger Cyclassics kam infrage. Allerdings stand da ja auch noch etwas anderes auf meiner Bucketlist: Beim Absolvieren des halben Ironman 70.3 vor einigen Jahren in Südafrika hatte ich mir einfach nicht vorstellen können, wie es möglich sein sollte, in allen drei Disziplinen jeweils die doppelte Strecke zu absolvieren: 3,8 statt 1,9 Kilometer Schwimmen, 180 statt 90 Kilometer Radfahren und zum Abschluss einen vollen Marathon von 42,1 Kilometern statt eines Halbmarathons. Der pure Wahnsinn! Und vor allem konnte ich mir nicht vorstellen, wie eine Vorbereitung für eine solche Mammutdistanz aussehen könnte. Wie sollte man das parallel zu einem Gut-50-Stunden-pro-Woche-Job hinbekommen? Neben meinem Bucketlist-Eintrag standen also viele Fragezeichen, und allein der Gedanke an einen Ironman erzeugte in mir ein Gefühl von Respekt und Unsicherheit. War so ein Ziel überhaupt realistisch? Auf der anderen Seite motivieren mich unklare Situationen und anspruchsvolle Ziele. Und schon war der Beschluss gefasst: Ich wollte es zumindest versuchen!

Bei einem solchen zeitaufwendigen und intensiven Projekt ist es in einer Partnerschaft sehr wichtig, alles zu besprechen und sich die Auswirkungen auf sich selbst und auf sein Umfeld klarzumachen. Als hervorragende Läuferin ist Mila den Marathon in früheren Jahren in etwa drei Stunden gelaufen. Wenn wir eine gemeinsame Laufeinheit machten, war sie immer schneller als ich. Sie lief dann oft vor und ich genoss die Aussicht. Aufgrund ihres sportlichen Backgrounds war Mila meiner Idee, auf einen Ironman hinzuarbeiten, positiv gesinnt. Ohne ihr Buy-in hätte ich das Projekt erst gar nicht gestartet. Als sie jedoch zustimmte, war klar, dass ich mein Projekt „Am I an Ironman?" angehen würde. Das Schöne dabei war, dass es ein gemeinsames Projekt wurde. Auch wenn Mila nicht selbst am Triathlon teilnehmen würde, konnten wir sehr viele Trainingseinheiten zusammen absolvieren. Wir kauften ein neues Rennrad für sie, sodass wir zusätzlich zu den gemeinsamen Läufen auch die eine oder andere zeitintensive Radeinheit zusammen umsetzen konnten. Denn eins war uns wichtig: Trotz des großen Projekts wollten wir möglichst viel Zeit miteinander verbringen!

Nach dem „Go" für dieses Mammutprojekt stand zuallererst die Zeit der Planung an. Wie sollte ich meinen Körper innerhalb eines Jahres vom aktuellen Zustand „untrainiert und übergewichtig" zum Ironman wandeln? Ich sammelte mithilfe von You-Tube-Kanälen, Blogs und Büchern möglichst viele Informationen über die verschiedenen Triathlon-

Trainingsmethoden. Mit diesem Input erstellte ich dann eine Roadmap mit wichtigen Aktivitäten und Meilensteinen für das anstehende Jahr der Vorbereitung. Folgende Aktivitäten waren auf meiner Roadmap aufgeführt: das Erstellen von Trainingsplänen, das Beschaffen des erforderlichen Equipments, Bike-Fitting sowie ein Trainingslager auf Mallorca. Um den Fortschritt meines Fitnesszustands zu testen, hatte ich verschiedene Vorbereitungswettkämpfe als Zwischenziele eingeplant. Einen Kurzdistanz-Triathlon am Balaton in Ungarn, zwei Halbmarathon-Läufe in Bremen und Heilbronn sowie den halben Ironman 70.3 im Kraichgau fünf Wochen vor dem Highlight in Frankfurt hatte ich zur Vorbereitung auf das große Ziel ausgewählt.

Der Plan stand, und im Juni 2022 meldete ich mich genau ein Jahr vor dem Ironman Frankfurt für das Event an und begann das konsequente Training. Das Wichtigste bei der Vorbereitung war, dass ich verletzungsfrei blieb. Denn wenn man die Trainingshäufigkeit und Intensivität so schnell erhöhen muss, ist die Gefahr von Verletzungen und längeren Trainingsunterbrechungen sehr groß. Das konnte ich mir allerdings bei nur einem Jahr Vorbereitungszeit nicht leisten. Also hieß es für mich immer, auf meinen Körper zu hören. Das Schöne beim Triathlon ist, dass man beim Training flexibel zwischen den drei Disziplinen wechseln kann. Wenn das Knie beim Laufen zwickt, wird am nächsten Tag eben geschwommen und somit werden ganz andere Körperteile belastet.

Die zweite große Herausforderung war der erforderliche zeitliche Aufwand für die Vorbereitung. Es ging los mit gut sechs Stunden pro Woche reiner Trainingszeit und steigerte sich stetig auf im Schnitt über 13 Stunden pro Woche im letzten Quartal vor dem Ironman. Es standen auch sogenannte Monsterwochen auf dem Trainingsplan, bei denen über 20 Stunden Training zu absolvieren waren. Diese Zahlen entsprechen reinen Netto-Trainingszeiten. Dazu kam dann beispielsweise noch die Anfahrt zum Schwimmbad oder das Vor- und Nachbereiten der Trainingseinheiten. Ein immenser Zeitaufwand, der neben dem Job in den Alltag integriert werden musste. Das ging nur mit absoluter Effizienz und bedeutete, dass mein Wecker jeden Morgen um fünf Uhr klingelte. Dann stand noch vor der Arbeit eine Trainingseinheit an und anschließend ging es ins Büro zum ersten Meeting, das täglich um halb acht stattfand. Natürlich blieben während dieser Zeit viele private Aufgaben einfach liegen. Das Bild wurde eben nicht an der Wand aufgehängt und Administratives wurde nach hinten geschoben. Die Briefe stapelten sich unbearbeitet im häuslichen Büro.

Im Nachhinein kann ich trotz der geschilderten Herausforderungen nur positiv über das Jahr der Vorbereitung sprechen. Mila und ich verbrachten viel Zeit miteinander. Ich war trotz des frühen Aufstehens immer topfit und hellwach im Büro und fühlte mich aufgrund des reduzierten Körpergewichts einfach gut! Es war ein intensives, aber auch ein großartiges Jahr. Und im Nachhinein kann ich sagen, dass der Weg zum großen Ziel in Frankfurt das eigentliche Ziel war. Denn es war ein Jahr voller Fokus, Vitalität, neuer Erfahrungen und Bekanntschaften, und die gemeinsame Trainingseinheiten mit Mila haben einfach unglaublich viel Spaß gemacht! Nach dem Rennen wurde mir häufig die Frage gestellt, ob ich noch einmal einen Ironman absolvieren würde. Direkt nach dem Zieleinlauf hatte ich mir geschworen: Nie wieder! Aber wie sagt man so schön: Die Schmerzen vergehen, aber der Ruhm bleibt. Und dazu passend sagt der weise Mexikaner: Vamos a ver! Wir werden sehen!

 Reflexion & Erkenntnisse:

Leben & Lebensplanung:
- Neue Lebenssituationen ermöglichen neue Ziele und Entscheidungen.
- Wichtige Entscheidungen sollten wir mit dem Partner absprechen und die Folgen mit unserem Umfeld abgleichen.
- Die erstellte Roadmap half mir, die erforderliche Transformation Schritt für Schritt erfolgreich zu durchlaufen.
- Effizienzsteigerungen im Alltagsleben waren für mich durch ein konsequentes Selbstmanagement möglich.
- Erfolgsfaktoren für das Projekt „Am I an Ironman?" waren intrinsische Motivation, Reflektieren und Lernen, Entscheidungen treffen, Disziplin, Fokussierung, Priorisierung, klare Kommunikation, einen Plan haben, einen Plan B haben, Rückschläge als Chance sehen.

- Manche Gesprächspartner muss man einfach ignorieren: Nicht nur der Schweinehund, der kleine Teufel auf der Schulter oder der Mann mit dem Hammer gehören in diese Kategorie. Hör nicht hin und mach einfach weiter!
- Große Ziele erzeugen beim Erreichen große Emotionen.

Mindset & Werte:
- Ich bin kein talentierter Ausdauersportler und so kann ich die Erkenntnis bestätigen: Disziplin schlägt Talent.

20. Hinterzarten – neue Lebenswege

Februar 2024

Nun war ich an der Reihe, meinen Vortrag zu halten. Überraschenderweise hielt sich meine Aufregung in Grenzen. Das lag wahrscheinlich daran, dass ich mich auf meinen Auftritt gut vorbereitet hatte. Ich stand von meinem Stuhl auf, ging nach vorne, schloss meinen Laptop an den Beamer an und testete den Sound der mitgebrachten Aktivbox. Super! Die Technik funktionierte. Ich atmete tief durch, und schon konnte es losgehen.

Jeder von uns zwölf Teilnehmenden durfte zum Abschluss unserer Coaching-Ausbildung ein sogenanntes Testing ablegen. Das Testing war ein Vortrag von etwa 25 Minuten, in dem wir darüber referierten, wie wir die erlernten Inhalte der Ausbildung in Zukunft nutzen wollten. Nach unseren Vorträgen bekamen wir dann von drei erfahrenen Coaching-Ausbildern ein Feedback zu den präsentierten Inhalten.

Die Storyline meiner Präsentation war die Geschichte eines Top-Managers, der in unterschiedlichen Industrieunternehmen erfolgreich Karriere gemacht hatte, in seinem tiefsten Inneren aber wusste, dass er einer anderen Bestimmung folgen wollte. Es war eine Geschichte über die Suche nach dem Sinn des Lebens oder, anders formuliert, über die Suche nach der intrinsischen Motivation. Es war die Geschichte über einen lang gehegten Traum, der endlich zur Realität werden sollte. Es war meine eigene Geschichte. Sie handelte davon, wie ich meine Berufung, anderen Menschen zu helfen, als Mentor, Coach und Berater verwirklichen wollte.

Der Vortrag beschrieb eine zehnjährige Lebensreise, die im Jahr 2018 begonnen hatte und irgendwann in der Zukunft ihr Ende finden würde. Es war eine Weltreise mit Stationen in vier unterschiedlichen Ländern auf drei Kontinenten. Um das Publikum auch emotional auf diese Lebensreise mitzunehmen, hatte ich ein Musikquiz in die Präsentation eingebaut. Die Zuhörer sollten mit geschlossenen Augen anhand von vier typischen Liedern jeweils erraten, in welches Land wir uns auf der Reise als Nächstes begeben würden.

Das erste Lied des Musikquiz hieß „Shosholoza", ein traditioneller südafrikanischer Song, den die schwarzen Minenarbeiter früher bei ihrer schweren Arbeit unter Tage gesungen hatten. Das Wort „Shosholoza" stammt aus der Zulusprache und heißt „vorwärts gehen". Heute wird der Song häufig bei Sportveranstaltungen von Fans intoniert, um das eigene Team anzufeuern. Das Lied war die Überleitung zur ersten Station der beschriebenen Lebensreise: der Aufenthalt von Mila und mir in Haga Haga. Der von Mila gestaltete Tag, der unser Leben veränderte, war eine Inspiration für mich und zeigte mir, wie wir unsere Zukunft aktiv gestalten können. Der Tag war auch die Geburtsstunde der von mir später entwickelten Coaching-Methode NextLoop-Life.

Es folgte das zweite Lied für die zweite Station der Lebensreise. Das weltbekannte mexikanische Volkslied „La Cucaracha", das während der mexikanischen Revolution um das Jahr 1910 populär wurde, führte die Zuhörer nach Mexiko. Der Aufenthalt in Lateinamerika brachte mir die Erkenntnis, dass ein glückliches Leben nicht auf Erfolg in einem einzelnen Lebensbereich basiert, sondern auf einer positiven Resonanz aller Lebensbereiche. Außerdem hatte ich dort erkannt, dass die Zukunft nicht vorhersehbar ist und es oft anders kommt, als wir denken. Das Leben lehrt uns so, dass wir stets flexibel bleiben müssen. Diese zwei Erkenntnisse waren ein wichtiger Input für mein Konzept NextLoop-Life – ein ganzheitlicher Coaching-Ansatz, der alle Lebensbereiche betrachtet und in regelmäßigen Abständen wieder durchlaufen wird, um Veränderungen im Leben zu berücksichtigen.

Während der Wochen des coronabedingten Lockdowns hatte ich das Grundkonzept von NextLoop-Life kreiert und dokumentiert. In den darauffolgenden Jahren verfeinerte ich es immer weiter, wobei Erkenntnisse und Erfahrungen, die ich dank der Superpower der Reflexion sammeln konnte, stets einflossen. Wie der Zufall es wollte (und wie ich in Kapitel 16 beschrieben habe), konnte ich meine Coaching-Methode bei unserem Sohn Max ausprobieren. Max klagte über Orientierungslosigkeit und wusste nicht, was er mit seinem Leben anfangen sollte. Das Durchlaufen von NextLoop-Life half ihm, seine intrinsische Motivation zu finden und Klarheit darüber zu erlangen, wie er sein Leben gestalten wollte und wie er die neu gesteckten Ziele auch sicher erreichen konnte. Max war der erste Mensch, bei dem ich mein Konzept praktisch anwenden konnte – und der Versuch war erfolgreich!

Der nächste Song meiner Präsentation war das melancholische Lied „Gloomy Sunday", das von dem ungarischen Komponisten Rezsö Seress im Jahr 1933 komponiert wurde. Es wird auch als das ungarische Selbstmordlied bezeichnet und handelt von tiefer Trauer, Verzweiflung und Suizidgedanken aufgrund des Verlusts einer geliebten Person. Dem Lied wird nachgesagt, zahlreiche Menschen zum Selbstmord inspiriert zu haben, und es war aus diesem Grund sogar eine Zeit lang in Ungarn und Großbritannien verboten. Auch wenn der Song thematisch überhaupt nicht passte, leitete er zu unserem 15-monatigen Aufenthalt in der schönen ungarischen Stadt Györ unweit der österreichischen Landesgrenze über. Hier machte ich die Erfahrung, wie große Ziele trotz herausfordernder Umstände angegangen und erfolgreich erreicht werden können. Ein Ergebnis des Ungarnaufenthalts war ein weiterer wichtiger Input für meinen Coaching-Ansatz: die Identifikation und Verifizierung der Top-Ten-Erfolgsfaktoren für eine erfolgreiche und nachhaltige Transformation.

Im nächsten Teil der Präsentation kamen wir in der Gegenwart an: dem Tag des Testing im wunderschönen Schwarzwald. Hier in Hinterzarten hatten wir während der vergangenen vier Monate an insgesamt zwölf Tagen dank der kompetenten Trainer eine sehr lehrreiche Coaching-Ausbildung bei dem Beratungsunternehmen ZwergerRaab absolviert. Wir lernten und praktizierten eine Vielzahl unterschiedlicher Coaching-Methoden aus der Transaktionsanalyse, der Systemtheorie sowie der Neurolinguistischen Programmierung. Das ermöglichte es mir, mein Konzept, das bisher vor allem auf eigenen Lebenserfahrungen beruht hatte, mit bewährten Coaching-Methoden anzureichern. So war ein vielfältiger Methodenkoffer entstanden, der je nach individuellen Bedürfnissen der Kunden eingesetzt werden konnte. Diesen Methodenkoffer stellte ich meinen Zuhörern nun kurz vor.

Der letzte Teil meiner Präsentation führte in die Zukunft. Ich beschrieb, wie ich die nächsten drei Jahre dazu nutzen wollte, um einen tief in mir verankerten Traum zu erfüllen: den Traum von erfolgreicher Selbstständigkeit und beruflicher Selbstbestimmung als Mentor, Coach und Berater. Den Traum davon, etwas zurückzugeben und meine intrinsische Motivation zu nutzen, um Menschen und Unternehmen in der heutigen VUCA-Welt dabei zu helfen, Klarheit und Ausrichtung für ihr Leben zu erlangen. Es stellte sich für mich die Frage, ob mit der Erfüllung dieses Traums die Suche nach dem Sinn meines Lebens beendet sein würde.

Zum Abschluss meiner Rede erklang als letztes Lied „Ultreia", das Lied der Pilger auf dem Jakobsweg. Das Wort „Ultreia" ist lateinisch und heißt so viel wie „weiter, immer weiter". Das Lied war ein Hinweis darauf, was Mila und ich uns für die Zeit nach dem Abschluss meiner Industriekarriere fest vorgenommen hatten. Vor dem Durchstarten in das neue Coaching- und Beratungs-Business wollten wir uns eine sechswöchige Auszeit nehmen und den nordspanischen Jakobsweg erwandern. Dies sollte eine bewusste Auszeit werden, um wieder unsere Mitte zu finden und unseren Seelen etwas Ruhe zu geben, bevor wir uns mit aufgeladenen Batterien und mit voller Kraft ins nächste Abenteuer stürzen würden.

Die Reaktionen der Zuhörer zum Abschluss meines Vortrags überraschten mich. Es gab tosenden Applaus. Zwei Teilnehmerinnen hatten Tränen in den Augen. Die Storyline der Präsentation hatte es offensichtlich geschafft, sie emotional zu berühren. Auch das Feedback der Ausbilder war einfach großartig. Zum Abschluss wurde mir offen die Frage gestellt, warum ich um Gottes willen überhaupt noch drei Jahre mit der Realisierung meiner Business-Idee warten wollte. Warum nicht sofort? Das Konzept NextLoop-Life sowie meine vielfältige Lebenserfahrung hätten doch heute bereits einen Markt. Denn es gebe schon jetzt viele Menschen und Firmen, die eine solche Unterstützung benötigten. Das war eine durchaus valide Frage, die ich mir damit beantwortete, dass ich noch zwei bis drei Jahre benötigte, um mit meinem gut bezahlten Managerjob finanziell einigermaßen abgesichert zu sein. Erst in diesem abgesicherten Modus wollte ich das Wagnis der Selbstständigkeit eingehen. Ich hatte schon negative Erfahrungen mit nicht erfolgreichen Firmengründungen gemacht, die mich finanziell in

Schieflage gebracht hatten. Und das wollte ich im nun reiferen Alter nicht noch einmal riskieren. Mein Plan war es, in den nächsten Jahren an den erforderlichen Vorbereitungen des zukünftigen Business zu arbeiten. Quasi als Hobby neben meinem Job.

Als ich wieder zu Hause angekommen war, zeigte ich Mila stolz mein Zertifikat der Coaching-Ausbildung und berichtete ihr begeistert von den Reaktionen und dem Feedback auf meine Präsentation. Sie freute sich mit mir und sagte: „Tom, es ist toll, dass dein Vortrag so gut angekommen ist. Ich finde dein Konzept NextLoop-Life auch richtig gut! Allerdings fehlt aus meiner Sicht noch ein ganz wesentlicher Teil!" „Echt, was meinst du damit?", fragte ich verwundert zurück. „Es geht bei deinem Konzept zum einen um die Lebensvision eines Menschen und die Gestaltung seines Lebens. Es geht also um die Zukunft. Ein zweiter wichtiger Aspekt von NextLoop-Life ist der Blick in die Vergangenheit, aus der wir viel über uns selbst lernen und Handlungsfelder identifizieren können. Stimmt's?" „Ja genau, Mila, beides beinhaltet das Konzept." „Aber du hast das Hier und Jetzt nicht berücksichtigt. Denn nur in der Gegenwart findet unser Leben statt. Das Jetzt ist der Moment, in dem wir fühlen, denken, kreieren, reflektieren und entscheiden. Diese Tatsache solltest du auch irgendwie berücksichtigen. Was meinst du?" Mir fiel es wie Schuppen von den Augen: „Mila, da hast du so was von recht, das Hier und Jetzt ist der wohl wichtigste Teil in unserem Leben. Es ist der einzige Augenblick, in dem wir das

Glücklichsein und die Liebe spüren können. Das muss ich unbedingt noch berücksichtigen! Ich frage mich nur: wie?" „Wie wäre es, in den NextLoop-Seminaren, die du planst, Blöcke des Bewusst-Werdens miteinzubauen? Wir könnten Yoga- und Meditationsübungen in den Tagesablauf integrieren, die dabei helfen, das Hier und Jetzt bewusst zu erleben." „Du bist ein Genie, Mila! Das ist eine großartige Idee! Und das Schöne ist, dass du diese Bewusstseinsblöcke anleiten könntest. Du bist ja zertifizierte Yogameisterin." Wir lachten uns an und Mila ergänzte: „Ich sehe uns schon mit einer Gruppe von Teilnehmenden in Italien am Strand im Schneidersitz, wie wir gemeinsam meditieren." „Das ist eine überaus schöne Vorstellung! Durch diese Bewusstseinsblöcke können die Teilnehmenden die Kraft und Motivation entwickeln, um große und lebensverändernde Projekte anzugehen." Nach einer kurzen Pause fügte ich hinzu: „Ich werde mein Konzept gleich nächstes Wochenende noch einmal anpassen und den Aspekt des Lebens im Hier und Jetzt integrieren."

 Reflexion & Erkenntnisse:

Erfolgsfaktoren:
- Lebenslanges Lernen und ständige persönliche Weiterentwicklung sollten unsere Hobbys sein.
- Ein Tipp für deine nächste Präsentation: Fakten werden vergessen, Emotionen bleiben in Erinnerung.

- Durch die verschiedenen Perspektiven in einem Team werden Ideen und Konzepte weiterentwickelt. Diversity verbessert das Teamergebnis.
- Ideen, Konzepte und Geschäftsmodelle entwickeln sich mit der Zeit immer weiter. Bleibe flexibel und sei offen für Veränderung.

Leben & Lebensplanung:
- Hör nicht auf zu träumen und verlier deine Träume nicht aus den Augen.
- Mit der Ausbildung zum Coach wollte ich das Handwerkszeug erwerben, um im Leben etwas zurückgeben zu können.
- Lebe im Hier und Jetzt, denn nur so kannst du Glück und Liebe spüren.
- Ich bin ein Selbstentwickler. Meine Superpower Reflexion hat mir geholfen, mich persönlich zu entwickeln. Selbstentwickler nutzen keine Unterstützung von Coaches, Paten oder Mentoren. Jeder gute Sportler hat allerdings einen Coach, um besser zu werden. Genau dies ist der Fehler von Selbstentwicklern. Sie wären mit Coach, Pate oder Mentor schneller und damit noch erfolgreicher.

Die Suche nach dem Sinn des Lebens:
- Es gibt Entwicklungsschritte im Leben, die zu dem Bewusstsein führen, dass wir etwas Neues angehen sollten. Der Sinn des Lebens liegt in diesen Fällen offensichtlich nicht dort, wo wir aktuell sind.
- Wie sagte Tom in Acapulco zu Max, als dieser fragte, wie er seinen Weg für die Zukunft finden könne: „Es

ist ganz einfach. Wir müssen die Quelle deiner intrinsischen Motivation finden." Diese Quelle hatte ich nun auch für mich gefunden.

- Ich habe den Sinn meines Lebens für mich gefunden. Es ist die Aufgabe, mir selbst und anderen Menschen, die sich verändern und weiterentwickeln wollen, zu helfen, dieses Vorhaben nachhaltig umzusetzen, um glücklich und erfolgreich zu werden.

---

21. Santiago – der Himmel soll warten

Im Hier und Jetzt

Die Sonne scheint auf uns herab und treibt mir Schweißperlen auf meine Stirn. Es ist Tag 35 unserer Wanderung vom französischen Saint-Jean-Pied-de-Port am Fuße der Pyrenäen nach Santiago de Compostela. Die Blasen an den Füßen schmerzen und der Riemen des Rucksacks schneidet in die Schultern ein. Wie so häufig in den vergangenen Tagen gehen Mila und ich schweigend Hand in Hand nebeneinanderher. Wir bewundern gemeinsam die Schönheit der nordspanischen Landschaft. Im Frühling sind die Farben der Natur in dieser Gegend beeindruckend. Der tiefblaue Himmel und das saftige Grün der Wiesen bilden das pittoreske Umfeld für unseren gedankenreichen Weg. Die Jakobsmuscheln am Wegesrand weisen uns verlässlich die Richtung. Heute ist es nach 780 Kilometern endlich so weit: Wir werden unser Ziel, die Pilgerstadt Santiago de Compostela, erreichen. Wie an jedem Tag unserer Wanderung wissen wir auch heute noch nicht, wo wir am Abend schlafen werden. Für unseren Jakobsweg gibt es keinen Plan und keine Roadmap. Wir laufen morgens in der Früh einfach los, ohne zu wissen, bis wohin wir an dem Tag gehen und wo wir übernachten werden. Wie bisher an jedem Tag wird uns auch heute Abend in Santiago eine der vielen Pilgerunterkünfte aufnehmen. Wir haben uns bewusst entschieden, den Weg nicht zu planen, sondern uns ganz dem Flow unserer Füße, unserer Gedanken und Gefühle hinzugeben.

Mila und ich sind beide nicht in einer christlichen Organisation aktiv. Trotzdem sind wir durch unsere Kultur christlich geprägt, sodass wir uns entschieden, den Jakobsweg zu gehen. Der richtige Zeitpunkt war für uns gekommen, als der Abschluss meiner Tätigkeit als Manager in der deutschen Industrie anstand. Bevor wir uns ins nächste Abenteuer stürzten, wollten wir die sechswöchige Auszeit nutzen, um uns bewusst mit unserem Leben und unserer Partnerschaft zu beschäftigen. Der Jakobsweg sollte für uns eine Zeit der Selbsterfahrung sein. Mila und ich sprachen tagsüber nur das Nötigste, zum Beispiel Organisatorisches. Ansonsten wollten wir bewusst viel Zeit zum Nachdenken haben. Erst am Abend beim gemeinsamen Abendessen sprachen wir dann ausführlich über das Durchlebte und Durchdachte des vergangenen Tages.

Wir hatten unseren Jakobsweg in drei Phasen eingeteilt. Die ersten circa zehn Tage sollte es um unsere Vergangenheit gehen. Viele meiner Gedanken der ersten zehn Tage des Jakobsweges sind in diesem Buch beschrieben. Während dieser ersten Phase stand das Reflektieren im Fokus. Fragen wie: Habe ich das in einer Situation Gelernte im späteren Leben auch wirklich genutzt? Wenn dies nicht der Fall war, war es ein verlorener Tag. Denn diesen Tag hatte ich nicht nach meinem Motto gelebt, jeden Tag ein bisschen besser zu werden und zu wachsen.

Die zweite Etappe unseres Weges bot uns Gelegenheit, uns mit der Gegenwart und dem Hier und Jetzt zu beschäftigen. Ich persönlich bin ein Mensch, der sich sehr viel mit der Zukunft beschäftigt und ständig neue Ideen entwickelt und Pläne schmiedet. Mila beschäftigt sich viel mit der Vergangenheit. Sie gleicht alles, was auf sie zukommt, mit ihren Werten und den Erfahrungen aus der Vergangenheit ab. Dies sind zwei grundsätzlich unterschiedliche Herangehensweisen, aber beide Wege treffen sich im Hier und Jetzt. Und genau dies ist die wichtigste Zeit in unseren Leben, denn wir leben unser Leben nur in der Gegenwart. Wir leben nicht mehr in der Vergangenheit und noch nicht in der Zukunft.

Die Etappe des Jakobswegs, die der Gegenwart gewidmet war, war wie eine lange Meditation für uns. Es waren Tage der Suche nach dem Sinn und nach unserer inneren Mitte. Während dieser Phase wurde mir wieder bewusst, dass ein glückliches und erfülltes Leben nur in der Gegenwart erlebt und erfühlt wird. Deshalb müssen wir uns einfach die Zeit nehmen, um uns auf die schönen und sinngebenden Dinge im Leben zu fokussieren. Das ist etwas, das ich in einigen Phasen meines früheren Lebens vernachlässigt habe!

Am Ende der ersten beiden Phasen unseres Jakobswegs stellten wir uns die Frage, die jeder von uns sich irgendwann einmal stellt: „Bist du zufrieden mit deinem Leben, so wie du es gelebt hast?" Diese Frage konnte ich nach den ersten beiden Etappen erleichtert mit „Ja!" beantworten. Es gibt sicherlich Situationen und Entscheidungen in meinem Leben, die ich aus heutiger Perspektive anders bewerte, als ich sie damals erlebt bzw. getroffen habe. Allerdings hat sich seit dem jeweiligen Lebensereignis in der Vergangenheit auch viel verändert. Insbesondere habe ich mich selbst verändert und mich persönlich weiterentwickelt. Deshalb ist es in Ordnung, dass ich heute teilweise eine andere Meinung habe zu dem, was ich in der Vergangenheit gelebt habe. Wie sagt man so schön: „Es ist, wie es ist", oder bezogen auf die Vergangenheit: „Es war, wie es war". Das gelebte Leben ist nicht mehr zu ändern. Wichtig ist für mich, dass ich jederzeit vor den Spiegel treten und mir mit gutem Gewissen in die Augen schauen kann. Denn ich erkenne meine Grundwerte in meinem Lebensweg wieder. Und genau unsere Werte sind es, die bestimmen, ob wir ein zufriedenes Leben leben. Denn ein glückliches Leben ist ein authentisches Leben. Das heißt, der individuelle Lebensweg basiert auf den individuellen Werten eines Menschen.

Das Ergebnis dieser ersten zwei Phasen gab mir ein gutes Gefühl. Es war schön, zu wissen, dass ich, wenn ich heute auf dem Sterbebett läge, zufrieden auf mein gelebtes Leben zurückblicken könnte. Aber STOPP! Das Leben war noch nicht zu Ende. Ich wollte noch mehr davon! Wie heißt es im Lied von Sido: „Ich ruf es nach oben, der Himmel soll warten! Denn ich hab noch was vor". Und so war die dritte und letzte Etappe unseres Jakobswegs der Zukunft gewidmet. Hier kreisten unsere Gedanken und unsere abendlichen Gespräche um Milas und meine gemeinsame Zukunft. Es war und ist schön zu sehen, dass wir noch viel zusammen vorhaben. Viele spannende Dinge stehen auf unserer Bucketlist. Zum Beispiel wollen wir gemeinsam ein kleines Beratungsunternehmen erfolgreich aufbauen. Unser Familienleben genießen. Bis ins hohe Alter möglichst gesund bleiben und Sport treiben. Unsere Persönlichkeit mithilfe von Büchern und Seminaren weiterentwickeln. Die Dankbarkeit für unsere Leben damit zum Ausdruck bringen, dass wir unserem Umfeld etwas zurückgeben. Eine Weltreise machen mit Besuchen der wichtigsten Stationen unserer beider Leben sowie dem Erkunden von neuen Orten, die wir schon immer mal sehen und erleben wollten. Wir wollen kreativ bleiben und Weisheit erlangen, um uns und anderen mit Rat dienen zu können. Und noch vieles mehr.

Eine solche Bucketlist fürs Leben, die sich aus der Quelle der intrinsischen Motivation speist, gibt uns die erforderliche Lebensenergie für die Zukunft. Diese Lebensenergie ist das beste Mittel gegen das Einrosten. Und weil Mila und ich diese Lebensenergie in uns spüren, rufen wir unsere gemeinsame Bitte nach oben: „Der Himmel soll warten!"

Reflexion & Erkenntnisse:

Leben & Lebensplanung:

- Unser Leben besteht aus Vergangenheit, Gegenwart und Zukunft.
- Die Gegenwart ist der Zeitpunkt, in dem wir unser Leben leben. Es sind die Momente des Fühlens, des Entscheidens und des Handelns. Die Gegenwart ist der Zeitpunkt des Bewusstseins und die einzige Zeit, dein Leben zu gestalten.
- In der Gegenwart sorgen wir dafür, dass wir glücklich sind und sinnhaft leben.
- Wie ist deine Antwort auf die Frage: „Bist du zufrieden mit deinem Leben, so wie du es gelebt hast?"
- Sinn macht glücklich und zufrieden.
- Unsere Werte sind wie die Jakobsmuscheln auf dem Jakobsweg. Sie weisen uns unseren Weg.

Allgemeine Erkenntnisse:

- Eine spannende Bucketlist hilft gegen das Einrosten.
- Mila und ich haben noch viel vor! Was steht auf deiner Bucketlist?

Die Suche nach dem Sinn des Lebens:

- Mila und ich haben unseren Sinn des Lebens gefunden: Er besteht darin, unsere Lebenserfahrungen weiterzugeben und Menschen, die Hilfe wünschen, dabei zu unterstützen, sich persönlich weiterzuentwickeln.

Schlusswort

Seit einiger Zeit höre ich mir bei meinen lockeren Laufeinheiten anstatt motivierender Musik oft einen guten Podcast an. Das ist eine wunderbare Möglichkeit, geistige und körperliche Betätigung effizient miteinander zu verbinden! Der Podcast ist unterhaltsam und ermöglicht mir, etwas zu lernen. Zur gleichen Zeit stärkt die Trainingseinheit meine Ausdauer. Genau diese Idee verfolgt das Buch *Reflexionen*. Es ist eine wohl bisher einmalige Kombination aus zwei unterschiedlichen Genres: Lebensgeschichte und Ratgeber. Es ist eine Kombination aus kurzweiliger Unterhaltung und der Möglichkeit, die eigene Reflexionsfertigkeit zu trainieren. Du hast Tom an 21 verschiedene Orte begleitet und 21 unterschiedliche Situationen seines Lebens miterlebt. Bei jeder Station konntest du dich damit beschäftigen, was er in den Situationen gelernt hat. Vielleicht waren für dich einige Aha-Effekte dabei, bei denen du gedacht hast: „Ja, das stimmt" oder „Oh, genau das habe ich auch schon erlebt" oder auch „Nee, das sehe ich anders". Vielleicht konntest du bei dem einen oder anderen Kapitel einen Bezug zu deinem Leben oder dem Leben einer dir bekannten Person herstellen. Beim Nachdenken über das Gelesene hast du ganz nebenbei deine Superpower Reflexion angewendet. Klasse! Das wird dir genug Motivation geben, deine Superpower wieder täglich zu nutzen und damit deine Persönlichkeitsentwicklung voranzutreiben. Denn es lohnt sich, den Weg weiterzugehen und jeden Tag in irgendeinem Bereich ein Stückchen besser zu werden, als du am Tag davor warst.

Das Buch *Reflexionen* ist eine Ode an die Individualität. Es geht in unserem Leben nicht um das Vergleichen oder das Benchmarking mit anderen Menschen. Es geht nicht um Bewertungen, und schon gar nicht geht es darum, zu pauschalisieren oder Menschen in Schubladen zu stecken. Es ist nicht wichtig, ob du Tom als mutigen Abenteurer oder als treulosen Egoisten einstufst. Egal welche Schublade wir für uns nutzen, die Pauschalisierung wird weder Tom noch einer anderen Person auf dieser Erde gerecht. Denn wir kennen in den meisten Fällen die Umstände und die Geschichte, die zu einem Menschen gehören, nicht ausreichend. So haben wir keine valide Basis für eine verlässliche Bewertung. Nein, in diesem Buch geht es um etwas anderes. Es geht darum, aufzuzeigen, wie wir uns persönlich weiterentwickeln können. Es geht um Träume, um Visionen, um den Weg zu unserem Better-Me und um die Suche nach dem Sinn unseres Lebens. Denn unser Leben ist ein Sinnentdeckungspfad.

„Viele (Lebens-)Wege führen nach Rom", heißt es treffend. Wenn wir Rom als ein Synonym für unsere Lebensvision nehmen, ist der Weg mit Steinen gepflastert, die jeweils eine Eigenschaft oder Fähigkeit symbolisieren. Es sind die Steine, die für Reflexion, Lernen, Kenntnis unserer Werte, Geduld und Beharrlichkeit, Dankbarkeit, Flexibilität, Entscheiden und Handeln stehen. Auf diesem Untergrund bewegen wir uns stetig und sicher in Richtung Rom. Es ist dabei egal, wie viele Kurven unser Weg mit sich bringt und welche Route wir genau wählen. Lediglich zwei Sachen sind wichtig für unsere Reise. Die erste scheint trivial zu sein, ist aber essenziell: Wir müssen wissen, wohin wir wollen, wenn wir unsere Reise antreten. Die zweite basiert auf einer Erkenntnis, die dem chinesischen Philosophen Konfuzius zugeschrieben wird, der 500 Jahre vor Christus erkannt hat, dass das eigentliche Ziel in unserem Fall nicht Rom, sondern der Weg dorthin ist. Das heißt, die Erfahrungen und die Lehren, die wir während des Weges machen und die unsere Persönlichkeitsentwicklung ermöglichen und fördern, sind das eigentliche Ziel.

Solltest du mehr über die in diesem Buch skizzierte Methode NextLoop-Life zur ganzheitlichen Lebensplanung wissen wollen, dann melde dich gerne bei mir. Mit NextLoop-Life erzielst du Klarheit und eine Ausrichtung für dein Leben auf dem Weg zu deinem ganz individuellen Better-Me. Besuche hierzu gerne unsere Homepage für weitere Informationen:

www.nextloop.consulting/life

Oder scanne den folgenden QR-Code:

Danksagung

Ein Buch zu schreiben ist wie ein Weg, den man nicht allein geht. *Reflexionen* ist das Ergebnis vieler Gedanken, Gespräche und Inspirationen, und es wäre nicht entstanden ohne die Unterstützung wunderbarer Menschen.

Mein besonderer Dank gilt meiner Frau, die mich in den stillen Stunden des Schreibens mit Geduld und Liebe begleitet hat und die mir mit ihren Perspektiven den Weg des persönlichen Wachstums geebnet hat. Danke, dass wir diesen Weg gemeinsam gehen!

Unseren Kindern danke ich für ihre Geduld: Liebe kennt keine räumliche Distanz.

Danke an meine Freunde, die mir immer wieder ehrliches Feedback gaben. Eure Worte haben mich motiviert, weiterzuschreiben.

Ein großes Dankeschön geht an meine Mutter und auch an alle, die mich auf meinem persönlichen Weg der Reflexion inspiriert haben – sei es durch Gespräche, Bücher oder ihre eigenen Geschichten.

Nicht zuletzt danke ich dir, lieber Leser oder liebe Leserin, dass du dieses Buch in die Hand genommen hast. Ich hoffe, dass du etwas für dich und dein Leben mitnehmen kannst, und ich wünsche dir einen lehrreichen Lebensweg, erfolgreiche Reflexionen und viel persönliches Wachstum!

Dein Michael Patocka